KRÖNERS TASCHENAUSGABE BAND 8

BALTASAR GRACIÁN

HANDORAKEL

UND KUNST DER WELTKLUGHEIT

Deutsch von

Arthur Schopenhauer

Mit einer Einleitung von

Karl Voßler

ALFRED KRÖNER VERLAG STUTTGART

CIP Kurztitelaufnahme der Deutschen Bibliothek

Gracián, Baltasar:
Handorakel und Kunst der Weltklugheit. –
Deutsch von Arthur Schopenhauer.
12. Aufl. – Stuttgart: Kröner 1978.
(Kröners Taschenausgabe; Bd. 8)
ISBN 3-520-00812-2

Druck: Omnitypie-Gesellschaft Stuttgart

EINLEITUNG

In Belmonte bei Calatayud, dort wo das alte Bilbilis, die Heimat des lateinischen Epigrammatikers und Satirikers Marcus Valerius Martialis lag, in einer lieblichen aragonesischen Landschaft, wurde Baltasar Gracián am 8. Januar 1601 geboren als Sohn eines bescheidenen rechtskundigen Lizentiaten und seiner Ehefrau Angela Morales. Alle Geschwister Baltasars, von denen wir wissen, drei Brüder und eine Schwester, widmeten sich dem geistlichen Beruf, vielleicht aus Neigung, wahrscheinlich aus Mangel an anderen Möglichkeiten. Auch Baltasar ging diesen Weg. Nach einer kurzen und kargen Kindheit schickte man ihn zu seinem Onkel, Antonio Gracián, zur Ausbildung nach Toledo. Mit 18 Jahren trat er als Novize in die Gesellschaft Jesu ein und verbrachte seine Lehrjahre in Tarragona, Calatayud, Huesca und anderen Städtchen seiner engeren Heimat, bis er am 25. Juli 1635 nach Ablegung der vier Gelübde endgültig in den Orden aufgenommen wurde. Als Lehrer, Rektor und Prediger viel bewundert um seines reichen Wissens, seiner geistreichen Einfälle und gepflegten Redekunst willen, wirkte er in Zaragoza, sodann vorzugsweise in Tarragona und Valencia, vorübergehend auch in Madrid. Er war eine streitbare und mutige Natur. Die Bestrebungen der Catalanen, sich von der spanischen Monarchie loszureißen und mit französischer Hilfe ihre Sonderrechte durchzusetzen, empörten sein königstreues Herz. Im November 1646 nahm er an den Kämpfen gegen die Franzosen bei Lérida tätigsten Anteil. Als Feldgeistlicher eilte er von Truppe zu Truppe, entflammte ihren Mut zum Angriff, gab ihnen die Absolution, hörte die Beichte der Verwundeten und brachte den Sterbenden auf dem Schlachtfelde die letzte Tröstung. „An jenem Tag verlieh mir der Herr seinen Geist und die Stimme einer Kriegstrompete — una voz de clarin —. Alle Soldaten, selbst die Offiziere, nennen mich nun, wenn sie mich sehen, den geistlichen Vater des Sieges — il Padre de la Victoria —“, schreibt er in einem denkwürdigen Brief, indem er die ganze militärische Handlung dieses heißesten Tages seines Lebens erzählt.*

Dabei war er von schmächtigem Körperbau, gebeugt und gekrümmt vom Studium, magenleidend, blaß, kurzsichtig. Mit seiner belegten Stimme pflegte er rasch und undeutlich zu sprechen. Gewiß keine hinreißende Erscheinung. Dem schönen Geschlecht, das er gering schätzte, nicht verführerisch.

Seine letzten Lebensjahre wurden getrübt und, wie es scheint, verkürzt durch Anfeindungen, Verleumdungen und Maßregelungen, die er sich durch seine satirischen Schriften zugezogen hatte. Er starb am 6. Dezember 1658, wahrscheinlich in Tarazona, einem stillen Städtchen im Nordwesten von Aragon, wo er im Jesuitenkollegium das Amt eines „Prefecto de espíritu admonitor“ versah.**

Das Ärgernis, das sein Hauptwerk, der große allegorische Roman El Criticón (erster Teil 1651, zweiter Teil 1653, dritter Teil 1657) mit seinen Ausfällen gegen allerlei Mißbräuche erregt hatte, verwandelte sich nach seinem Tode alsbald in Bewunderung und europäischen Ruhm.

Es ist ein merkwürdiger Zug seiner Schriften, daß sie in ihrer Entstehung zwar des geselligen Verkehrs und der Unterhaltung mit klugen Freunden, des Streites mit mißgünstigen Gegnern und des Rates und Beistandes von hochsinnigen Gönnern bedurften, daß sie aber in ihrer Vollendung eher den nachdenklichen und einsamen Menschen ansprechen und gewinnen. Aus einer politisch bewegten und gesellschaftlich höchst lebendigen Umgebung treten die Werke Graciáns, der die Einsamkeit mied und beinahe fürchtete, hervor, weisen den Leser auf sich selbst zurück und machen ihn genügsam, nachdenklich und innerlich frei. Damit hängt der zweite, nicht weniger merkwürdige Zug dieser Schriften zusammen, nämlich, daß sie von einem gläubigen und eifrigen Diener der Kirche stammen, aber den Hinweis auf die religiösen Werte absichtlich vermeiden. Ausnahme macht ein einziges Büchlein: El Comulgatorio, das

* Veröffentlicht von Adolphe Coster in seiner ausführlichen Gracián-Biographie in der Revue hispanique, 29. Band, New York und Paris 1913, Seite 709–715.

** Vgl. José Maria López Landa: Gracián y su biógrafo Coster, im 8. Band der Biblioteca de Escritores Aragoneses, Sección literaria, Zaragoza 1926, Seite 27 ff. — Landa bestreitet, daß Graciáns Versetzung nach Tarazona eine Strafmaßnahme war.

Gracián in Erfüllung eines Gelübdes im Jahr 1655 veröffentlichte. Es besteht aus fünfzig Meditationen, durch die der Gläubige für den Genuß des heiligen Abendmahls empfänglich und dankbar gemacht werden soll. Hier spricht eine inbrünstige Frömmigkeit, und die Eigenart des Verfassers, wie wir sie aus seinen übrigen Schriften kennen, tritt hinter der seelsorgerischen Aufgabe zurück und verrät sich höchstens durch eine gewisse Gesuchtheit des Ausdrucks. Das Comulgatorio gehörte zu den beliebtesten Büchern dieser Art, wurde viel gebraucht und noch im 18. und 19. Jahrhundert mehrfach aufgelegt.*

Gracián war der Meister des beziehungsreichen Stiles, des sogenannten Conceptismo, den er nicht erfunden, aber zu einer Methode ausgebildet und lehrhaft beleuchtet hat in seinem Traktat Arte de ingenio (Madrid 1642), oder, wie der Titel der erweiterten Fassung heißt: Agudeza y arte de ingenio (Huesca 1648). Doch ist er als Theoretiker des Conceptismo nicht eigentlich neu, sondern bleibt hinter seinen italienischen Vorgängern und Gewährsmännern sogar zurück.** Sein eigenartiges Verdienst liegt also weder in der Tatsache, daß er den im damaligen Spanien außerordentlich beliebten conceptistischen Stil verwendet, noch daß er es unternimmt, ihn zu rechtfertigen, zu loben, zu beschreiben, klassifikatorisch zu zergliedern und mit zahlreichen Proben und Beispielen zu belegen, wohl aber darin, daß es ihm gelingt, diese an und für sich so künstliche Schreibart sich völlig zu eigen zu machen. Bei den meisten pflegt der Conceptismo übertrieben und geziert, oder komisch und witzig, auf die Dauer jedenfalls ermüdend zu wirken. Bei Gracián wirkt er immer anregend und wird schließlich die selbstverständliche, notwendige Gangart seines Denkens. Wenn man dieses Wunder, durch das eine stilistische Manier zur Natur wird, verstehen will, muß man die eigentümliche Lage betrachten, in der Gracián gearbeitet hat.

Es war eine Notlage. Die Geborgenheit des einzelnen in der mächtigen religiösen und weltlichen Gemeinschaft des spanischen Reiches war noch für Lope de Vega, den größten Dichter jener Zeit, eine wohltuende Selbstverständlichkeit. Für den um neununddreißig Jahre jüngeren und außerdem sehr viel kritischer

* Vgl. Sommervogel, Bibliothèque de la Compagnie de Jésus, Brüssel 1890.

** Vgl. A. Coster am a. O., Seite 573 ff. und Benedetto Croce: I trattatisti italiani del Concettismo e Baltasar Gracián. Memoria dell'Accad. Pontaniana, Neapel 1899, neu abgedruckt in Problemi di estetica, Bari 1910, Seite 309–345.

veranlagten Gracián wurde sie höchst problematisch. Ihm entging es nicht, daß die habsburgische Weltherrschaft in allen Fugen erschüttert war. Mit wachen Augen erlebte er den Abfall der Provinzen, die Unbotmäßigkeit der Catalanen, den wirtschaftlichen Niedergang, und hatte für das Schwinden der sittlichen Kräfte einen ungemein empfindlichen Sinn. Er blickte nicht wie sein hochgesinnter Zeitgenosse Calderón de la Barca hinweg über die Not und Niedrigkeit der Gegenwart. Sein satirischer Roman, das Criticón, ist voll von Ahnungen und düsteren Stimmungen, ja von tiefem Mißtrauen gegen jede Größe und Herrlichkeit der Welt, gegen alle Lockung und Schönheit des irdischen Lebens. Nur an der Schwelle des Jenseits macht er Halt. Die Lehren seiner Kirche irgendwie zu verdächtigen oder zu bekritteln hat er sich peinlich gehütet, so heftig er ihre weltlichen Mißbräuche rügt. So hat sein Gedanke mit zweierlei Welten zu tun: mit der irdischen, die er nicht müde wird zu tadeln, und der jenseitigen, die er gläubig und schweigend verehrt und allzugerne auf sich beruhen läßt. „Man wende die menschlichen Mittel an, als ob es keine göttlichen, und die göttlichen, als ob es keine menschlichen gäbe", das ist, wie er in seinem Handorakel sagt, „die große Meisterregel, die keines Kommentars bedarf" (Nr. 251).

Da er es nun unterläßt oder vermeidet, die Beziehungen zwischen Diesseits und Jenseits grundsätzlich klarzulegen, da er weder einen gestuften Aufstieg, noch eine entwicklungsgeschichtliche Wirkung von der einen zu der anderen Welt ansetzt, mit anderen Worten, da er kein wirklich philosophischer Kopf ist, so frappieren ihn die Mißhelligkeiten des Daseins jedesmal aufs neue, von Fall zu Fall und, was ihm an der Hinfälligkeit der zeitlichen, insbesondere der spanischen Zustände am meisten zu schaffen macht, ist das Rätsel, wie auf einem so schwankenden, im Zerbröckeln begriffenen und tückischen Boden der einzelne Mensch sich noch behaupten und gar erfolgreich durchsetzen kann. Da doch hienieden nach seiner Überzeugung und Erfahrung das Gemeine herrscht und der Untergang und die Vergessenheit unser gewöhnliches Schicksal sind, wie kann es mit natürlichen Dingen nur zugehen, daß menschliche Größe, wirkliche Persönlichkeit, echter Erfolg und dauernder Ruhm noch zustande kommen? An unmittelbare Wunder und göttliche Eingriffe zugunsten des Gerechten oder Erwählten unter den Menschen vermag er nicht mehr rundweg und herzhaft zu glauben. Nur einem verdünnten Fortuna-Glauben an glückhafte und schwarze Tage, an Pechvögel und Phönixe huldigt er als echter Sohn der Spätrenaissance noch gelegentlich. In der Hauptsache jedoch bemüht er sich um eine vernunftgemäße Erklärung und Einordnung der Wechselfälle des menschlichen Lebens in den psychologisch und soziologisch natürlichen Lauf der Dinge. Die Ausnahme von der Regel, das Vortreffliche inmitten des Durchschnitts, die große, gottähnliche Persönlichkeit, das Wunder innerhalb des Naturgemäßen selbst aufzusuchen, wird in den mannigfaltigsten Abwandlungen das Hauptthema seines Gedankens. Es ist kein Gegenstand für den forschenden, wohl aber ein Rätsel für den grüblerischen Geist und eine Aufgabe für den erfinderischen Willen. Man könnte Gracián einen Techniker der moralischen Künste nennen, wenn nämlich die Moral eine Kunst wäre, was man damals im Zeitalter der allgemeinen „Staatsraison" (razón de estado) sehr geneigt war, gelten zu lassen. Es ist, als ob er sich vorgenommen hätte, wenigstens für den außerordentlichen einzelnen, wenigstens für die allseitige Persönlichkeit, den Weltmann, den er den „Héroe" zu nennen pflegt, noch Wege des Erfolges und der Geltung ausfindig zu machen und zu ebnen, nachdem ihm die Sache der Gemeinschaft und der Vielen und Allzuvielen mehr oder weniger verloren erschien, bzw. gleichgültig geworden war.

Wer zu diesem Beruf eines Führers, Wegebereiters und Ratgebers für höhendurstige Bergsteiger der Vernunft in einer törichten Umwelt sich will geeignet machen, der muß für seine eigene Person ohne Leidenschaft und beinahe wunschlos werden. Gracián war es in der Tat, teils durch natürliche Anlage, teils durch Erziehung und geistliche Übung. Weder die sinnlichen Triebe noch der weltliche Ehrgeiz scheinen in seiner Lebensführung, von der wir im ganzen freilich so wenig wissen, je eine entscheidende Rolle gespielt zu haben. Über dem Schauspiel der Welt, dessen buntes Durcheinander seine ganze Aufmerksamkeit beansprucht, vergißt er die Zustände des eignen Gemütes und gibt nur dem einen Bedürfnis noch Raum: das Schauspiel zu durchschauen, seine Wetterregeln zu erkennen, es wenigstens mit dem Verstande zu meistern und sich selbst die Unerschütterlichkeit des Gemütes zu sichern. Zu dieser immer gespannten, um ihre Überlegenheit besorgten Interessiertheit paßt der konzeptistische Stil. Er ist ebensosehr der Ausdruck wie ein Werkzeug des lauernden Verstandes, der kasuistischen Überlegung, des mißtrauischen Zweifels, der umsichtigen Erfahrung und des kühnen Entschlusses, ein sprichwortartiger, abstrakter und mehrdeutiger, präziser und doch zugleich dunkler Stil, abgerissen und orakelhaft, immer sprungbereit im Wechsel der Gegenstände.

Da in der verworrenen Zeitlichkeit die Wege der persönlichen Selbstbehauptung für jeden einzelnen wieder anders laufen, da eines sich nicht für alle schickt, so bemüht sich Gracián zunächst um eine Typologie des herrschaftlichen Menschen und vollendeten Weltmanns. Er schreibt seinen Héroe 1637, seine Político 1640, seinen Discreto 1646 und plant weiterhin einen Atento und einen Galante und wahrscheinlich noch andere ähnliche Idealbilder von Seelengröße und praktischer Lebensweisheit. Dabei schwebt ihm nicht etwa nur ein blasses Schema vor; es stehen ihm zumeist auch große Männer aus der Geschichte oder aus seiner vornehmen Bekanntschaft Modell, wie Salomon, Alexander, Cäsar, oder König Ferdinand der Katholische für den vollendeten Staatsmann, der Graf von Aranda für den „Galante“, d. h. für die Großherzigkeit, Lastanosa für die Anpassungsfähigkeit, der Herzog von Nocera und Vizekönig von Aragón, Francisco María Carrafa für die Geistesgegenwart, Luis Méndez de Haro für die Integritas, die „Entereza“ oder Biederkeit usw. Auf diese Weise stellt er seine Typologie auf den Boden der Tatsachen und macht sich zugleich bei den Großen seiner Zeit und bei seinen Gönnern angenehm. An der Vollendung des Planes verhinderten ihn vielleicht die äußeren Umstände, gewiß aber auch die Einsicht, daß für jeden dieser Typen, gleichviel ob er mehr im öffentlichen und staatlichen oder im gesellschaftlichen Leben sich hervortun sollte, immer ähnliche Lagen wieder eintreten mußten und zahlreiche Wiederholungen für den Ratgeber unvermeidlich wurden. Im Grunde waren ja der Héroe, der Politico, der Discreto, der Galante, der Atento und weiterhin etwa der Agudo, Bizarro, Culto, Sabio, Virtuoso, Dichoso, Despejado nichts als besondere Auszeichnungen oder, wie Gracián sagen würde, „primores“, oder „realces“, d. h. Schau- und Glanzseiten einer und derselben hervorragenden und allseitigen Persönlichkeit in der Welt. Bei allem Wechsel der Gelegenheiten lag daher die Gefahr der Eintönigkeit in der Natur des Graciánschen Unternehmens. Die Typologie des vollendeten Weltmannes kreuzte sich mit einer Typologie der Lebenslagen. Daher entschloß sich

Gracián, wahrscheinlich auf Anregung und jedenfalls im Einverständnis mit seinem hohen Freunde Lastanosa, die beiden Typologien miteinander zu vereinigen. So etwa entstand das Handorakel (Oráculo manual, 1647), dessen 300 Abschnitte, wenn man sie cum grano salis versteht, für jede Art von Weltmann gelten können, gleichviel, ob er mehr der befehlenden und handelnden oder mehr der geistreichen, nachdenklichen und redekundigen Spielart angehört. Das Handorakel ist sonach eine Blütenlese von Sentenzen und Maximen aus den übrigen Traktaten des Verfassers, insbesondere aus dem Héroe und dem Discreto, aus denen die Leitgedanken teils wörtlich herübergenommen, teils noch kühner, schärfer und glänzender geschliffen werden. Man darf annehmen, daß die anderen von Gracián geplanten oder angefangenen und unvollendet gebliebenen Traktate von dem Sammelbecken des Oráculo aufgeschluckt sind.*

Ohne die tätige Hilfe des trefflichen Vincencio Juan de Lastanosa wäre das Handorakel schwerlich entstanden. Lastanosa, sechs Jahre jünger als Gracián, war einer der reichsten und angesehensten Herrn im Lande. Er lebte ohne politischen Ehrgeiz in seinem prächtigen Palaste in Huesca, großzügig und maßvoll: ganz mit der Verwaltung seiner Güter, mit lokalen Ehrenämtern und geistvoller Geselligkeit beschäftigt. Er galt als vorzüglicher Archäologe, Numismatiker, Kunstkenner, Botaniker, Bibliophile und freigebiger Mäzen. Mit Gracián verband ihn zu echter Freundschaft, etwa schon seit 1630 bis zu dessen Tod, die Hoheit der Gesinnung und die gemeinsame Lust an der edlen Kunst einer selbständigen Lebensgestaltung. Welche Freude mußte es ihm bereiten, die Schriften seines scharfsinnigen Freundes entstehen zu sehen, zu ordnen und herauszugeben. An seiner Mitarbeiterschaft am Handorakel läßt der Titel der Ausgabe von 1653 nicht den geringsten Zweifel bestehen: Oráculo manual y arte de prudencia sacada de los aforismos que se discurren en las obras de Lorenzo Gracián. — Publícala D. Vincencio Lastanosa y dedica al exc. mo Señor D. Luis Méndez de Haro. Con licencia, en Madrid, por María de Quioñones, 1653. — Von der ersten Ausgabe, die 1647 in Huesca erschienen sein soll und ebenfalls von Lastanosa besorgt wurde, ist kein Exemplar mehr zu finden.

* Vgl. Maurice Lacoste, Les sources de l'Oráculo manual im Bulletin hispanique, 31. Band, Bordeaux-Paris 1929, Seite 93—101.

Des Vornamens Lorenzo statt Baltasar hat sich Gracián auch bei der Veröffentlichung seiner anderen Schriften weltlichen Charakters bedient. Nur auf dem Titelblatt seines religiösen Traktates über die Kommunion gibt er sich als Pater Baltasar Gracián und Angehöriger der Gesellschaft Jesu zu erkennen. Für den ersten Teil seines Criticón hat er sogar ein Pseudonym: García de Marlones, Anagramm von Gracián de Morales, gewählt. Da der Jesuitenorden und die schriftstellerische Tätigkeit seiner Patres gerade um die Mitte des 17. Jahrhunderts den heftigsten Angriffen ausgesetzt waren, so empfahlen sich solche Vorsichtsmaßregeln. Unter diesen Umständen war es für einen innerlich so selbständigen und wehrhaften, aber äußerlich so abhängigen Schriftsteller wie den unsrigen kein geringer Vorteil, sich hinter einem hochmögenden und verständnisvollen Schutzherrn, Mitarbeiter und Herausgeber wie Don Vincencio Lastanosa decken zu können. Nicht nur die weltlichen Behörden in Aragón und Castilien, auch der General und die Provinzialen des Jesuitenordens vermieden es gerne, diesem Manne, der eine Zierde und Stütze des Landes war, Verdruß zu bereiten.* Gracián hat seinem Gönner zum Dank für die gewährte Hilfe ein Denkmal gesetzt im zweiten Teil seines Criticón, Crisi II ff. Die Wanderer der allegorischen Reise kommen in das herbstliche Land des reifen Mannesalters, erblicken Huesca, die siegreiche Stadt, und treten ein in die Wundergärten und prächtigen Räume der Residenz des geistvollen Salastano (Lastanosa), der gerade einigen Kavalieren und bildungsfrohen Feldherrn die Schätze seiner Sammlungen zu erklären beginnt. „Kommt herein", sagt er ihnen, „in diesen Ankleideraum, damit ich Euch alle die vielen Schutzmittel und Gegengifte zeige, die ich hier verwahre. Aus diesem köstlichen Einhorngefäß haben die katholischen Könige von Spanien ihrem Volke die Reinheit des Glaubens zugetrunken. Dieses Ohrgehänge, aus demselben Material des Einhorns gearbeitet, pflegte die Königin Isabella von Castilien zu tragen, um ihr Gehör gegen das Gift der Verleumdungen zu schützen. Mit diesem Ring hier stärkte Kaiser Karl V. sein unbesiegtes Herz. In dieser mit Wohlgerüchen ausgestatteten Dose — tretet näher und freut Euch des Duftes! — haben die spanischen

* Vgl. A. Coster a. a. O., S. 376 ff. und Ricardo del Arco: Gracián y su colaborador y Mecenas in der Biblioteca de escritores aragoneses, Sección literaria, 8. Band, Zaragoza 1926, Seite 133 ff.

Königinnen alle den guten Namen ihrer Ehre und Sittsamkeit zu jeder Zeit verwahrt.“ So wies er ihnen noch viele andere köstliche Stücke vor, und alle Besucher mußten deren schützende Wunderkraft erproben und anerkennen.** Wir denken uns, daß auch für den wackeren Baltasar ein Talismann darunter war.

Lastanosas Mitarbeit beschränkte sich nicht auf das Fertigmachen und Herausgeben der Graciánschen Schriften, er hat gewiß auch manchen Einfall und Plan seines Schützlings angeregt und hat ihm durch Zusammenkünfte, Gespräche, Akademien auf seinem gastlichen Herrensitz allerlei Förderung und Belebung des weltkundigen Denkens verschafft. Davon zeugt unter anderm der im Dicreto enthaltene Brief Graciáns an Lastanosa über den „Hombre de todas horas“, d. h. über die Anpassungsfähigkeit des Weltmannes im Wechsel der Gelegenheiten und geselligen Anforderungen, eine Eigenschaft, die der Adressat in vorbildlicher Weise besaß und zum Besten seiner Freunde spielen ließ.

Die meisten, jedenfalls die bedeutendsten der vielen Traktate und Dialoge über moralische und politische, gesellige und rednerische Lebensart und weltläufige Praktik, wie sie im Zeitalter der Renaissance und des Barock so außerordentlich beliebt waren, vom Fürstenspiegel des Machiavelli und „Hofmann“ des Castiglione bis zu den Maximen des La Rochefoucauld und „Charakterbildern“ des La Bruyère, sind aus Zusammenkünften und Unterhaltungen einer gewählten, zumeist höfischen Gesellschaft hervorgegangen und schöpfen ihre Weisheit zum einen Teil aus der humanistischen Bildung, d. h. aus der Antike, zum anderen aus den Gelegenheiten und Erfahrungen des Umgangs innerhalb der vornehmen Welt. Das Volk, die Familie, die Kinder, wie überhaupt die physischen Grundlagen des Daseins und sein jenseitiger Sinn spielen hier keine wesentliche Rolle. Aus diesem trotz seiner Internationalität abgeschlossenen geistigen Raume ungefähr ist das Handorakel hervorgegangen. Hier hat es zunächst sein Publi-

** Ausgabe des Criticón in den Clásicos españoles, besorgt von Cejador, 1. Band, Seite 229. Eine kritische und kommentierte Ausgabe des Criticón, besorgt von Miguel Romeza-Navarro, ist im Philadelphia und Oxford 1938 ff. in drei Bänden erschienen. Eine kurze Würdigung Lastanosas als Freund und Sammler antiker Kulturdenkmäler und Herausgeber eines numismatischen Werkes findet sich in Graciáns Discreto in dem Abschnitt De la cultura y aliño.

kum gefunden.* „Wenn man Gracián liest, wird einem klar, wie spanisch Seneca ist“, sagt Aubrey F. G. Bell.** In der Tat, der Untergrund des Handorakels ist stoisch, senecaisch, spanisch; und eben dadurch gehört es der gelehrten und höfischen Gesellschaft des ganzen Abendlandes im Zeitalter der Gegenreformation und der beginnenden Aufklärung an und wurde von ihr mit Eifer gelesen, besprochen, ausgebeutet, nachgeahmt und übersetzt ins Lateinische, Italienische, Französische, Deutsche, Englische und Ungarische. —

Als mit der Französischen Revolution und der Deutschen Romantik eine neue Gesinnung ins Leben trat, als der erwachende Sinn für die eigenen Werte des Gemütes und der Phantasie der Individuen und der Völker sich abwandte von der unspontanen und ausgetrockneten Verstandesbildung der sogenannten feinen Gesellschaft, da mußte wohl auch die berechnete Lebenskunst und geschliffene Prosa des Gracián in Vergessenheit und Mißachtung geraten, umsomehr, als sie keinerlei erotische Problematik und Würze bot. Wenn das Handorakel dennoch diesem Schicksal entging, so ist es vor allem das Verdienst von Arthur Schopenhauer.

Der Philosoph des modernen Pessimismus hatte sein Hauptwerk „Die Welt als Wille und Vorstellung“ längst vollendet (1818), er hatte seine Lehrtätigkeit an der Berliner Universität eingestellt, er war mit seiner Familie zerfallen; durch ein Traumgesicht in der Neujahrsnacht 1831 erschreckt, fürchtete er für sein Leben und verließ Berlin, als dort die Cholera ausbrach, die seinen größten Rivalen Hegel dahinraffte, und siedelte sich in den ersten Septembertagen in Frankfurt am Main an, wo er völlig einsam lebte und Monate vergehen konnten, ohne daß er mit einem Menschen sprach. In dieser gedrücktesten Zeit seines Lebens, vom September 1831 bis April 1832, hat er das Handorakel des Gracián übersetzt. „Mein Lieblingsschriftsteller ist aber dieser philosophische Gracián“, schrieb er damals an den Hispanisten Johann Georg Keil, „ich habe alle seine Werke gelesen, und sein Criticón ist mir eines

* Näheres über seine Quellen und seine Wirkung bei Karl Borinski: B. Gracián und die Hofliteratur, Halle 1894; Arturo Farinelli: B. Gracián, Estudio Crítico in der Ausgabe des Héroe und Discreto, Madrid 1900, Seite 195 ff. und bei Coster a. a. O. Vgl. auch Fritz Schalk: Gracián und das Ende des siglo de oro. Romanische Forschungen, 54. u. 55. Bd. Erlangen 1940 und 1941.

** A. F. G. Bell: B. Gracián, Oxford 1921, Seite 54.

der liebsten Bücher auf der Welt: ich würde es gern übersetzen, wenn dazu ein Verleger zu finden wäre."*

Kein Zweifel, daß von allen Übertragungen, die dem spanischen Künstler des bedächtigen Lebens- und Sprachstils im Lauf der Jahrhunderte in Europa zuteil wurden, die deutsche Wiedergabe des Oráculo manual durch Schopenhauer die treueste, kongenialste und ansprechendste ist. Mit gutem Rechte durfte Schopenhauer sich auf der Handschrift seiner Übersetzung den ehrenvollen Decknamen Felix Treumund beilegen und in einer Notiz für den Verleger versichern, daß er „mit besonderer Liebe und Sorgfalt" gearbeitet habe und „nicht nur den Sinn des Originals vollkommen" wiedergebe, sondern auch den Geist und „gedrungenen sententiösen wortkargen Stil, der dem des Lehrbriefes im Wilhelm Meister am nächsten" komme, „soweit es in der von der spanischen so himmelweit verschiedenen deutschen Sprache, ohne schwerverständlich zu werden, irgend möglich" sei.* Einige Versehen und Ungenauigkeiten, die zum Teil durch den unkritischen Text des von Schopenhauer benutzten Amsterdamer Abdrucks (1659 bei Juan Blaeu) veranlaßt sind, fallen kaum ins Gewicht. Was man etwa sonst an der Übertragung beanstanden könnte, bedeutet eher ein Lob: nämlich, daß Schopenhauer die lehrhafte Starrheit und scheinbare Exaktheit gewisser Termini schmeidigt, die Schärfe und Gleichmäßigkeit der Antithesen mildert, die gewollte Dunkelheit und Mehrdeutigkeit schlichtet, die paradoxe Kühnheit des konzeptistischen Sentenzen- und Orakeltones dämpft, wodurch das Ganze lebendiger, moderner und flüssiger wird. In der Tat dürfte der deutsche Text für deutsche Leser heutzutage leichter laufen als für spanische Leser jemals der spanische. Von der gespannten Aufmerksamkeit und Anstrengung, die Gracián verlangt, wird uns durch Schopenhauer ein gut Teil erlassen.** Diese Lockerung der allzu gestrafften Maximen des barocken Denkers kommt offenbar dadurch zustande, daß Schopenhauer sie nicht wie jener erst mühsam erarbeiten mußte und sie nicht erst aus einem Gewirr von widersprechenden Meinungen herauszukristallisieren brauchte. Fertig und stahlgewappnet fand

* Schopenhauer-Briefe, Ausgabe Schemann, Leipzig 1894, Seite 171. Veröffentlicht wurde die Übersetzung des Handorakels erst im Jahr 1862.

* Schopenhauers handschriftlicher Nachlaß, I, Leipzig, Reclam, S. 168.

** Einzelheiten bei A. Morel-Fatio: Grazián interprété par Schopenhauer, im Bulletin hispanique, XII. Band. Bordeaux-Paris, 1910, Seite 377 ff.

er die Graciánsche Lebensweisheit vor, wie die aus dem Haupte Jupiters entsprungene Minerva. Und er entdeckte in ihr eine willkommene Verwandtschaft mit seiner eigenen argwöhnischen Menschenkenntnis und begrüßte sie als die natürlichste Bundesgenossin seines Philosophierens. Als einsamer Künstler und Denker, der er war, nahm er die seelische und damit auch die sachliche Übereinstimmung mit seinem Gracián für tiefer, als sie in Wirklichkeit ist.

Gewiß, das herbe Gefallen an der Unzuverlässigkeit und Tücke der menschlichen Dinge, die Verachtung gegen den Pöbel, die ironische Lust an der Entlarvung des falschen Scheines, die Schauspielerfreude an der Vermummung und prunkenden Aufmachung der echten Werte, der Selbstgenuß der geistigen Überlegenheit und was etwa sonst zu den Haltungen und Stimmungen eines heroischen Nörglers gehören mag, dies alles ist beiden mehr oder weniger gemeinsam. Doch wollen wir über solchen Ähnlichkeiten des Geschmacks und der Temperamente den großen Abstand der Charaktere und geistigen Richtungen nicht vergessen.

Der spanische Jesuitenpater, unerschütterlich in seinem Hoffnungsglauben in das jenseitige Heil, war allem metaphysischen Spekulieren auf eigene Faust abhold. Sein Pessimismus konnte nur ein gelegentlicher, auf das zeitliche Dasein beschränkter, aber keineswegs im Schopenhauerschen Sinne abgründiger sein. Wie alle theologisch Geschulten — und wer wäre es im damaligen Spanien nicht einigermaßen gewesen? — betrachtete Gracián das diesseitige Leben als eine zwitterhafte und vorläufige Mischung von falschen und echten Werten, als eine Art Theater und tragikomische Farce, die ihren wahren Sinn und ihre eigentliche Wirklichkeit aus den jenseitigen Schichten des reinen und ewigen Seins bezog und deren Bestand ein durchaus zweideutiger war, so zweideutig wie der weltliche Ruhm, den Gracián begehrte und zugleich verschmähte als ein falsches Abbild und als einen echten Schatten des ewigen Lebens. Es reizte ihn, diese Ambiguität in allen ihren schillernden Spielen aufzuweisen und mit geistvoller Schwarz-Weiß-Kunst eine Phänomenologie des menschlichen Weltwesens zu zeichnen. Dabei war ihm der Pessimismus eher ein Thema, mag sein das wichtigste und schlagkräftigste Thema, aber doch kein eigentliches Motiv bzw. Quietiv, kein seelischer Antrieb und keine innerliche Beruhigung. Vom Quietismus, der einige Jahrzehnte später sein dunkles Haupt erhob, ist der tapfere Gracián noch etwa ebenso weit entfernt wie sein leidenschaftlicher Kampfgenoß Quevedo. Wohl finden sich im Handorakel und noch mehr im Criticón die düstersten Aussprüche der Lebens- und Menschenfeindschaft, aber man übertreibt ihre Tragweite, wenn man sie im Sinne Schopenhauers ausdeutet, und man verkennt ihre Herkunft, wenn man sie auf das Erlebnis einer religiösen Verzweiflung und auf metaphysischen Weltschmerz zurückführt. Schon die festliche, prickelnde Stilform, die herausfordernde Prunksprache, die Freude am widersprechenden und abgerissenen Gedankenflug, das ganze betont unpedantische Auftreten sollte uns ein Warnungszeichen sein, daß wir die Weltverneinung nicht für ernster nehmen als dieser elegante, schelmische, spielfrohe und in seiner Männlichkeit zu allerlei Listen aufgelegte Geist sie gemeint hat.

Für den heutigen Leser, der, wie wir hoffen, die müden Tage der Verdrossenheit und des Weltschmerzes hinter sich hat, liegt der besondere Reiz des Handorakels gerade in dieser unnachahmlich spanischen Vereinigung von Ja und Nein, von Kühnheit und Vorsicht. Es ist eine gelassene Gefaßtheit und edle Überlegenheit, die sich auskennt in den Widersprüchen des Daseins und sie mit Würde und Anmut erträgt.

München, 4. Januar 1942

Karl Voßler

VORWORT DES ÜBERSETZERS

Von dem durch eine sehr alte und unvollkommene, später auch ins Lateinische übertragene, französische Übersetzung unter dem falschen Titel „L'homme de cour par Gracián" weltbekannten spanischen Buche ist dieses die erste und einzige, unmittelbar aus der Ursprache gemachte Deutsche Übersetzung. Denn die von Dr. Müller 1717 herausgegebene, abgesehen davon, daß sie heutzutage schlechterdings unlesbar ist, kann nur für eine Paraphrase gelten. Gegenwärtige schließt sich dem Text so genau an, als der von Grund aus verschiedene Charakter beider Sprachen es irgend leiden wollte, und der Leser kann versichert sein, daß von dem „Oraculo manual, y arte prudencia" ihm hier nichts verloren gegangen ist, als bloß eine Anzahl Wortspiele, welche wiederzugeben unmöglich war: nur bei einigen ließ die Sprache den Versuch einer annähernden Nachahmung zu, bei welcher auf billige Nachsicht des Lesers gerechnet ist.

Frankfurt am Main 1832.

Arthur Schopenhauer

1

Alles hat heutzutage seinen Gipfel erreicht, aber die Kunst, sich geltend zu machen, den höchsten. Mehr gehört jetzt zu einem Weisen, als in alten Zeiten zu sieben, und mehr ist erfordert, um in diesen Zeiten mit einem einzigen Menschen fertig zu werden, als in vorigen mit einem ganzen Volke.

2

Herz und Kopf – die beiden Pole der Sonne unserer Fähigkeiten. Eines ohne das andere – halbes Glück. Verstand reicht nicht hin, Gemüt ist erfordert. Ein Unglück der Toren ist Verfehlung des Berufs im Stande, Amt, Lande, Umgang.

3

Über sein Vorhaben in Ungewißheit lassen. Die Verwunderung über das Neue ist schon eine Wertschätzung seines Gelingens. Mit offenen Karten spielen ist weder nützlich noch angenehm. Indem man seine Absicht nicht gleich kundgibt, erregt man die Erwartung, zumal wenn man durch die Höhe seines Amts Gegenstand der allgemeinen Aufmerksamkeit ist. Bei allem lasse man etwas Geheimnisvolles durchblicken und errege, durch seine Verschlossenheit selbst, Ehrfurcht. Sogar wo man sich herausläßt, vermeide man, zu offen zu sein, eben wie man auch im Umgang sein Inneres nicht jedem aufschließen darf. Behutsames Schweigen ist das Heiligtum der Klugheit. Das ausgesprochene Vorhaben wurde nie hochgeschätzt, vielmehr liegt es dem Tadel bloß, und nimmt es gar einen ungünstigen Ausgang, so wird man doppelt unglücklich sein. Man ahme daher dem göttlichen Walten nach, indem man die Leute in Vermutungen und Unruhe erhält.

4

Wissenschaft und Tapferkeit bauen die Größe auf. Sie machen unsterblich, weil sie es sind. Jeder ist soviel, als er weiß, und der Weise vermag alles. Ein Mensch ohne Kenntnisse — eine Welt im Finstern. Einsicht und Kraft: Augen und Hände. Ohne Mut ist das Wissen unfruchtbar!

5

Abhängigkeit begründen. Den Götzen macht nicht der Vergolder, sondern der Anbeter. Wer klug ist, sieht lieber die Leute seiner bedürftig als ihm dankbar verbunden; sie am Seil der Hoffnung zu führen, ist Hofmannsart, sich auf ihre Dankbarkeit verlassen Bauernart; denn letztere ist so vergeßlich als erstere von gutem Gedächtnis. Man erlangt mehr von der Abhängigkeit als von der verpflichteten Höflichkeit: wer seinen Durst gelöscht hat, kehrt gleich der Quelle den Rücken, und die ausgequetschte Apfelsine fällt von der goldenen Schüssel in den Kot. Hat die Abhängigkeit ein Ende, so wird das gute Vernehmen es auch bald finden und mit diesem die Hochachtung. Es sei also eine Hauptlehre aus der Erfahrung, daß man die Hoffnung zu erhalten, nie aber ganz zu befriedigen hat, vielmehr dafür sorgen soll, immerdar notwendig zu bleiben, sogar dem gekrönten Herrn. Jedoch soll man dies nicht so sehr übertreiben, daß man etwa schweige, damit er Fehler begehe, und soll nicht des eigenen Vorteils halber den fremden Schaden unheilbar machen.

6

Seine Vollendung erreichen. Man wird nicht fertig geboren; mit jedem Tag vervollkommnet man sich in seiner Person und seinem Beruf, bis man den Punkt seiner Vollendung erreicht, wo alle Fähigkeiten vollständig, alle vorzüglichen Eigenschaften entwickelt sind. Dies gibt sich daran zu erkennen, daß der Geschmack erhaben, das Denken geläutert, das Urteil reif und der Wille rein geworden ist. Manche gelangen nie zur Vollendung, immer fehlt ihnen noch etwas; andere kommen spät zur Reife. Der vollendete Mann, weise in seinen

Reden, klug in seinem Tun, wird zum vertrauten Umgang der gescheiten Leute zugelassen, ja gesucht.

7

Sich vor dem Siege über Vorgesetzte hüten! Alles Übertreffen ist verhaßt, aber seinen Herrn zu übertreffen, ist entweder ein dummer oder ein Schicksalsstreich. Stets war die Überlegenheit verabscheut; wie viel mehr die über die Überlegenheit selbst. Vorzüge niedriger Gattung wird der Behutsame verhehlen, wie etwa seine persönliche Schönheit durch Nachlässigkeit im Anzug verleugnen. Es wird sich wohl treffen, daß jemand an Glücksumständen, ja an Gemütseigenschaften uns nachzustehen sich bequemt, aber an Verstand kein einziger; wie viel weniger ein Fürst. Denn der Verstand ist eben die königliche Eigenschaft und deshalb jeder Angriff auf ihn ein Majestätsverbrechen. Fürsten sind sie und wollen es in dem sein, was am meisten auf sich hat. Sie mögen wohl, daß man ihnen hilft, jedoch nicht, daß man sie übertrifft. Der ihnen erteilte Rat sehe daher mehr aus wie eine Erinnerung an das, was sie vergaßen, als wie ein ihnen aufgestecktes Licht zu dem, was sie nicht finden konnten. Eine glückliche Anleitung zu dieser Feinheit geben uns die Sterne, welche, obwohl hellglänzend und Kinder der Sonne, doch nie so verwegen sind, sich mit ihren Strahlen zu messen.

8

Leidenschaftslos sein — eine Eigenschaft der höchsten Geistesgröße, deren Überlegenheit selbst sie loskauft vom Joche gemeiner äußerer Eindrücke. Keine höhere Herrschaft, als die über sich selbst und über seine Affekte, sie wird zum Triumph des freien Willens. Sollte aber jemals die Leidenschaft sich der Person bemächtigen, so darf sie doch nie sich an das Amt wagen, und um so weniger, je höher solches ist. Dies ist eine edle Art, sich Verdrießlichkeiten zu ersparen, ja sogar auf dem kürzesten Wege zu Ansehen zu gelangen.

9

Nationalfehler verleugnen. Das Wasser nimmt die guten oder schlechten Eigenschaften der Schichten an, durch welche es läuft, und der Mensch die des Klimas, in welchem er geboren wird. Einige haben ihrem Vaterlande mehr zu verdanken als andere, indem ein günstigerer Himmel sie umfing. Es gibt keine Nation, selbst nicht unter den gebildetsten, welche davon frei wäre, irgendeinen ihr eigentümlichen Fehler zu haben, welchen die benachbarten zu tadeln nicht ermangeln, entweder um sich davor zu hüten, oder sich damit zu trösten. Es ist eine rühmliche Geschicklichkeit, solche Makel seiner Nation an sich selbst zu bessern oder wenigstens zu verbergen. Man erlangt dadurch den beifälligen Ruf, der einzige unter den Seinigen zu sein: und was am wenigsten erwartet wurde, wird am höchsten geschätzt. Ebenso gibt es Fehler der Familie, des Standes, Amtes und Alters; treffen alle diese in einem Menschen zusammen, ohne daß die Aufmerksamkeit ihnen entgegenwirkte, so machen sie aus ihm ein unerträgliches Ungeheuer.

10

Glück und Ruhm. So unbeständig jenes, so dauerhaft ist dieser; jenes für das Leben, dieser nachher; jenes gegen den Neid, dieser gegen die Vergessenheit. Glück wird gewünscht, bisweilen befördert; Ruhm wird erworben. Der Wunsch nach Ruhm entspringt dem Werte. Die Fama war und ist noch die Schwester der Giganten, stets folgt sie dem Übermäßigen, den Ungeheuern oder den Wundern, dem Gegenstand des Abscheus oder des Beifalls.

11

Mit dem umgehen, von dem man lernen kann. Der freundschaftliche Umgang sei eine Schule der Kenntnisse und die Unterhaltung bildender Belehrung. Aus seinen Freunden mache man Lehrer und lasse den Nutzen des Lernens und das Vergnügen der Unterhaltung sich wechselseitig durchdringen. Mit Leuten von Einsicht hat man einen abwechselnden

Genuß, indem man für das, was man sagt, Beifall, und von dem, was man hört, Nutzen einerntet. Was uns zu andern führt, ist gewöhnlich unser eigenes Interesse, dies ist hier jedoch höherer Art. Der Aufmerksame besucht häufig die Häuser jener großartigen Hofleute, welche mehr Schauplätze der Größe als Paläste der Eitelkeit sind. Es gibt Herren, welche im Ruf der Weltklugheit stehn; nicht nur sind diese selbst, durch ihr Beispiel und ihren Umgang, Orakel aller Größe, sondern auch die sie umgebende Schar bildet eine höfische Akademie guter und edler Klugheit jeder Art.

12

Natur und Kunst — der Stoff und das Werk. Keine Schönheit besteht ohne Nachhilfe, und jede Vollkommenheit artet in Barbarei aus, wenn sie nicht von der Kunst erhöht wird: diese hilft dem Schlechten ab und vervollkommnet das Gute. Die Natur verläßt uns gemeinhin beim Besten; nehmen wir unsere Zuflucht zur Kunst. Ohne sie ist die beste natürliche Anlage ungebildet, und den Vollkommenheiten fehlt die Hälfte, wenn ihnen die Bildung fehlt. Jeder Mensch hat ohne künstliche Bildung etwas Rohes und bedarf in jeder Art von Vollkommenheit der Politur.

13

Bald aus zweiter, bald aus erster Absicht handeln. Ein Krieg ist das Leben des Menschen gegen die Bosheit des Menschen. Die Klugheit führt ihn, indem sie sich der Kriegslisten hinsichtlich ihres Vorhabens bedient. Nie tut sie das, was sie vorgibt, sondern zielt nur, um zu täuschen. Mit Geschicklichkeit macht sie Luftstreiche, dann aber führt sie in der Wirklichkeit etwas Unerwartetes aus, stets darauf bedacht, ihr Spiel zu verbergen. Eine Absicht läßt sie erblicken, um die Aufmerksamkeit des Gegners dahin zu ziehen, kehrt ihr aber gleich wieder den Rücken und siegt durch das, woran keiner gedacht. Jedoch kommt ihr andererseits ein durchdringender Scharfsinn durch seine Aufmerksamkeit zuvor und belauert sie mit schlauer Überlegung; stets versteht er das Gegenteil von dem, was man ihm zu verstehen gibt, und erkennt sogleich jedes falsche Mienemachen. Die erste Absicht läßt er immer vorübergehen, wartet auf die zweite, ja auf die dritte. Indem jetzt die Verstellung ihre Künste erkannt sieht, steigert sie sich noch höher und versucht nunmehr, durch die Wahrheit selbst zu täuschen: sie ändert ihr Spiel, um ihre List zu ändern und läßt das nicht Erkünstelte als erkünstelt erscheinen, indem sie so ihren Betrug auf die vollkommenste Aufrichtigkeit gründet. Aber die beobachtende Schlauheit ist auf ihrem Posten, strengt ihren Scharfblick an und entdeckt die in Licht gehüllte Finsternis; sie entziffert jenes Vorhaben, welches je aufrichtiger desto trügerischer war. Auf solche Weise kämpft die Arglist des Python gegen den Glanz der durchdringenden Strahlen Apolls.

14

Die Sache und die Art. Das Wesentliche in den Dingen ist nicht ausreichend, auch die begleitenden Umstände sind erfordert. Eine schlechte Art verdirbt alles, sogar Recht und Vernunft; die gute Art hingegen kann alles ersetzen, vergoldet das Nein, versüßt die Wahrheit und schminkt das Alter selbst. Das Wie tut gar viel bei den Sachen, die artige Manier ist ein Taschendieb der Herzen. Ein schönes Benehmen ist der Schmuck des Lebens, und jeder angenehme Ausdruck hilft wundervoll von der Stelle.

15

Aushelfende Geister haben. Es ist ein Glück der Mächtigen, daß sie Männer von ausgezeichneter Einsicht sich beigesellen können, diese entreißen sie jeder Gefahr der Unwissenheit und müssen schwierige Streitfragen für sie erörtern. Es liegt eine besondere Größe darin, die Weisen in seinem Dienst zu haben, und solche übertrifft bei weitem den barbarischen Geschmack des Tigranes, der etwas darin suchte, gefangene Könige zu Dienern zu haben. Eine ganz neue Herrlichkeit ist es, und zwar im Besten des Lebens, künstlich die zu Dienern zu machen, welche die Natur hoch über uns gestellt hat. Das Wissen ist lang, das Leben kurz, und wer nichts weiß, der lebt auch nicht. Da ist es denn ungemein geschickt, ohne Müheaufwand zu studieren, und zwar viel durch viele, um durch sie alle gelehrt zu sein. Da redet man nachher in der Versammlung für viele, in dem aus eines Munde so viele reden, als man vorher zu Rate gezogen hat: so erlangt man durch fremden Schweiß den Ruf eines Orakels. Jene aushelfenden Geister suchen zuvörderst die Lektion zusammen und tischen sie uns dann in Quintessenzen des Wissens auf. Wer nun aber es nicht dahin bringen kann, die Weisen in seinem Dienst zu haben, der ziehe Nutzen von ihnen im Umgang.

16

Einsicht mit redlicher Absicht: zusammen verbürgen sie durchgängiges Gelingen. Ein widernatürliches Ungeheuer war stets ein guter Verstand vereint mit einem bösen Willen. Die böswillige Absicht ist ein Gift aller Vollkommenheiten; vom Wissen unterstützt verdirbt sie auf eine feinere Weise. Unselige Überlegenheit, die zur Verworfenheit verwendet wird! Wissenschaft ohne Verstand ist doppelte Narrheit.

17

Abwechslung in der Art zu verfahren. Man verfahre nicht immer auf gleiche Weise, damit man die Aufmerksamkeit, zumal die der Widersacher, verwirre; nicht stets aus der ersten Absicht, sonst werden jene diesen einförmigen Gang bald ausgelernt haben und uns zuvorkommen, oder gar unser Tun vereiteln. Es ist leicht, den Vogel im Fluge zu treffen, der ihn in gerade fortgesetzter Richtung, nicht aber den, der ihn in gewundener nimmt. Aber auch aus der zweiten Absicht darf man nicht immer handeln; denn schon beim zweitenmal kennen die Gegner die List. Die Bosheit steht auf der Lauer, und großer Schlauheit bedarf es, sie zu täuschen. Nie spielt der Spieler die Karte aus, welche der Gegner erwartet, noch weniger die, welche er wünscht.

18

Fleiß und Talent: ohne beide ist man nie ausgezeichnet, jedoch im höchsten Grade, wenn man sie in sich vereint. Mit dem Fleiße bringt ein mittelmäßiger Kopf es weiter, als ein überlegener ohne denselben. Die Arbeit ist der Preis, für den man den Ruhm erkauft: was wenig kostet, ist wenig wert. Sogar für die höchsten Ämter hat es einigen nur an Fleiß gefehlt, nur selten ließ das Talent sie im Stich. Daß man lieber auf einem hohen Posten mittelmäßig, als auf einem niedrigen ausgezeichnet ist, hat die Entschuldigung eines hohen Sinnes für sich; hingegen daß man sich begnügt, auf dem untersten Posten mittelmäßig zu sein, während man auf dem obersten ausgezeichnet sein könnte, hat sie nicht. Also sind Natur und Kunst erfordert, und der Fleiß drückt ihnen das Siegel auf.

19

Nicht unter übermäßigen Erwartungen auftreten. Es ist das gewöhnliche Unglück alles sehr Gerühmten, daß es der übertriebenen Vorstellung, die man sich von ihm machte, nachmals nicht gleichkommen kann. Nie konnte das Wirkliche das Eingebildete erreichen: denn sich Vollkommenheiten denken, ist leicht, sie verwirklichen sehr schwer. Die Einbildungskraft verbindet sich mit dem Wunsche und stellt sich daher stets viel mehr vor, als die Dinge sind. Wie groß nun auch die Vortrefflichkeiten sein mögen, so reichen sie doch nicht hin, den vorgefaßten Begriff zu befriedigen; und da sie ihn unter der Täuschung seiner ausschweifenden Erwartung vorfinden, so werden sie eher seinen Irrtum zerstören, als Bewunderung erregen. Die Hoffnung ist eine große Verfälscherin der Wahrheit; die Klugheit weise sie zurecht und sorge dafür, daß der Genuß die Erwartung übertreffe. Daß man beim Auftreten schon einigermaßen die Meinung für sich habe, dient die Aufmerksamkeit zu erregen, ohne dem Gegenstand derselben Verpflichtungen aufzulegen. Viel besser ist es immer, wenn die Wirklichkeit die Erwartung übersteigt und mehr ist, als man gedacht hatte. Diese Regel wird falsch beim Schlimmen, denn da diesem die Übertreibung zustatten kommt, so sieht man solche gern widerlegt, und dann gelangt das, was als ganz abscheulich gefürchtet wurde, noch dahin, erträglich zu scheinen.

20

Der Mann seines Jahrhunderts. Die außerordentlich seltenen Menschen hängen von der Zeit ab. Nicht alle haben die gefunden, deren sie würdig waren, und viele fanden sie zwar, konnten aber doch nicht dahin gelangen, sie zu nutzen. Einige waren eines besseren Jahrhunderts wert, denn nicht immer triumphiert jedes Gute. Die Dinge haben Periode, und sogar die höchsten Eigenschaften sind der Mode unterworfen. Der Weise hat jedoch einen Vorteil, den, daß er unsterblich ist: ist dieses nicht sein Jahrhundert, so werden viele andere es sein.

21

Die Kunst, Glück zu haben. Es gibt Regeln für das Glück, denn für den Klugen ist nicht alles Zufall. Die Bemühung kann dem Glücke nachhelfen. Einige begnügen sich damit, sich wohlgemut an das Tor der Glücksgöttin zu stellen, und zu erwarten, daß sie öffne. Andere, schon besser, streben vorwärts und machen ihre kluge Kühnheit geltend, damit sie auf den Flügeln ihres Wertes und ihrer Tapferkeit die Göttin erreichen und ihre Gunst gewinnen mögen. Jedoch richtig philosophiert gibt es keinen andern Weg als den der Tugend und Umsicht, indem jeder gerade so viel Glück und so viel Unglück hat, als Klugheit oder Unklugheit.

22

Ein Mann von willkommenen Kenntnissen. Gescheite Leute sind mit einer eleganten und geschmackvollen Belesenheit ausgerüstet, haben ein zeitgemäßes Wissen von allem, was an der Tagesordnung ist, jedoch mehr auf eine gelehrte als auf eine gemeine Weise; sie halten sich einen geistreichen Vorrat witziger Reden und edler Taten, von welchem sie zur rechter Zeit Gebrauch zu machen verstehen. Oft war ein guter Rat besser angebracht in der Form eines Witzwortes als in der

der ernstesten Belehrung; und gangbares Wissen hat manchem mehr geholfen als alle sieben Künste, so frei sie auch sein mögen.

23

Ohne Makel sein: die unerläßliche Bedingung der Vollkommenheit. Es gibt wenige, die ohne irgendein Gebrechen wären, wie im Physischen, so im Moralischen, und sie lieben solches innig, da sie doch leicht es heilen könnten. Mit Bedauern sieht die fremde Klugheit, wie oft einem ganzen Verein erhabener Fähigkeiten ein kleiner Fehler sich keck angehängt hat, und eine Wolke ist hinreichend, die ganze Sonne zu verdunkeln. Dergleichen sind Flecken unseres Ansehens, welche das Mißwollen sogleich herausfindet und immer wieder darauf zurückkommt. Die größte Geschicklichkeit wäre, sie in Zierden zu verwandeln, in der Art, wie Cäsar sein physisches Gebrechen mit dem Lorbeer zu bedecken wußte.

24

Die Einbildungskraft zügeln, indem man bald sie zurechtweist, bald ihr nachhilft; denn sie vermag alles über unser Glück, und sogar unser Verstand erhält Berichtigung von ihr. Sie kann eine tyrannische Gewalt erlangen und begnügt sich nicht mit müßiger Beschauung, sondern wird tätig, bemächtigt sich sogar oft unseres ganzen Daseins, welches sie mit Lust oder Traurigkeit erfüllt, je nachdem die Torheit ist, auf die sie verfiel; denn sie macht uns mit uns selbst zufrieden oder unzufrieden, spiegelt einigen beständige Leiden vor und wird der häusliche Henker dieser Toren, andern zeigt sie nichts als Seligkeiten und Glücksfälle unter lustigem Schwindeln des Kopfes. Alles dieses vermag sie, wenn nicht die vernünftige Obhut unsrer selbst ihr den Zaum anlegt.

25

Winke zu verstehen wissen. Einst war es die Kunst aller Künste, reden zu können, jetzt reicht das nicht mehr aus; erraten muß man können, vorzüglich, wo es auf Zerstörung unsrer Täuschung abgesehen ist. Der kann nicht sehr verständig sein, der nicht leicht versteht. Es gibt hingegen auch Schatzgräber der Herzen und Luchse der Absichten. Gerade die Wahrheiten, an welchen uns am meisten gelegen, werden stets nur halb ausgesprochen; allein der Aufmerksame fasse sie im vollen Verstande auf. Bei allem Erwünschten ziehe er seinen Glauben am Zügel zurück, aber gebe ihm den Sporn bei allem Verhaßten.

26

Die Daumenschrauben eines jeden finden. Dies ist die Kunst, den Willen anderer in Bewegung zu setzen. Es gehört mehr Geschick als Festigkeit dazu. Man muß wissen, wo einem jeden beizukommen sei. Es gibt keinen Willen, der nicht einen eigentümlichen Hang hätte, welcher nach der Mannigfaltigkeit des Geschmacks verschieden ist. Alle sind Götzendiener, einige der Ehre, andere des Interesses, die meisten des Vergnügens. Der Kunstgriff besteht darin, daß man diesen Götzen eines jeden kenne, um mittels desselben ihn zu bestimmen. Weiß man, welches für jeden der wirksame Anstoß ist, so hat man den Schlüssel zu seinem Willen. Man muß nun auf die allererste Springfeder, oder das primum mobile in ihm, zurückgehen, welches aber nicht etwa das Höchste seiner Natur, sondern meistens das Niedrigste ist; denn es gibt mehr schlecht- als wohlgeordnete Gemüter in der Welt. Jetzt muß man zuvörderst sein Gemüt bearbeiten, dann ihm durch ein Wort den Anstoß geben, endlich mit seiner Lieblingsneigung den Hauptangriff machen; so wird unfehlbar sein freier Wille schachmatt.

27

Das Intensive höher als das Extensive schätzen. Die Vollkommenheit besteht nicht in der Quantität, sondern in der Qualität. Alles Vortreffliche ist stets wenig und selten, die Menge und Masse einer Sache macht sie geringgeschätzt. Sogar unter den Menschen sind die Riesen meistens die eigentlichen Zwerge. Einige schätzen die Bücher nach ihrer Dicke, als ob sie geschrieben wären, die Arme, nicht die Köpfe daran zu üben. Das Extensive allein führt nie über die Mittelmäßigkeit hinaus, und es ist das Leiden der universellen Köpfe, daß sie, um in allem zu Hause zu sein, es nirgends sind. Hingegen ist es das Intensive, woraus die Vortrefflichkeit entspringt, und zwar eine heroische, wenn in erhabener Gattung.

28

In nichts gemein. Erstlich: nicht im Geschmack. O des großen Weisen, den es niederschlug, daß seine Sache der Menge gefiel!* Gemeiner Beifall in Fülle gibt dem Verständigen kein Genügen. Dagegen sind manche wahre Chamäleone der Popularität, daß sie ihren Genuß nicht in den sanften Anhauch Apolls, sondern in den Atem des großen Haufens setzen. — Zweitens: nicht im Verstande. Man finde kein Genügen an den Wundern des Pöbels, dessen Unwissenheit ihn nicht über das Erstaunen hinauskommen läßt; während die allgemeine Dummheit bewundert, deckt der Verstand des einzelnen den Trug auf.

29

Ein rechtschaffener Mann sein. Stets steht dieser auf der Seite der Wahrheit, mit solcher Festigkeit des Vorsatzes, daß weder die Leidenschaft des großen Haufens, noch die Gewalt des Despoten ihn jemals dahin bringen, die Grenze des Rechts zu übertreten. Allein wer ist der Phönix der Gerechtigkeit? Wohl hat die Rechtschaffenheit wenige echte Anhänger. Zwar rühmen sie viele, jedoch nicht für ihr Haus. Andere folgen ihr bis zum Punkt der Gefahr, dann aber verleugnen sie die Falschen, verhehlen sie die Politischen. Denn sie kennt keine Rücksicht, sei es, daß sie mit der Freundschaft, mit der Macht, oder mit dem eigenen Interesse sich feindlich begegnete. Hier nun liegt die Gefahr, abtrünnig zu werden. Jetzt abstrahieren, mit scheinbarer Metaphysik, die Schlauen von ihr, um nicht der Absicht der Höheren oder der Staatsräson in den Weg zu treten. Jedoch der beharrliche Mann hält jede Verstellung für eine Art Verrat; er setzt seinen Wert mehr in seine unerschütterliche Festigkeit als in seine Klugheit. Stets ist er zu finden, wo die Wahrheit zu finden ist, und fällt er

* Ein griechischer Redner fragte, als das Volk ihm Beifall zurief, betroffen seine Freunde: „Habe ich etwas Verkehrtes gesagt?"

von einer Partei ab, so ist es nicht aus Wankelmut von seiner, sondern von ihrer Seite, indem sie zuvor von der Wahrheit abgefallen war.

30

Sich nicht zu Beschäftigungen bekennen, die in schlechtem Ansehen stehen, noch weniger zu Schimären, wodurch man sich eher in Verachtung als in Ansehen bringt. Es gibt mancherlei grillenhafte Sekten, von welchen allen der kluge Mann sich fernhält. Aber es gibt Leute von wunderlichem Geschmack, welche immer nach dem greifen, was die Weisen verworfen haben, und dann in diesen Seltsamkeiten sich gar sehr gefallen. Dadurch werden sie zwar allgemein bekannt, doch mehr als Gegenstand des Lachens als des Ruhms. Sogar zur Weisheit wird der umsichtige Mann sich nicht auf eine hervorstechende Weise bekennen, viel weniger zu Dingen, welche ihre Anhänger lächerlich machen. Sie werden hier nicht aufgezählt, weil die allgemeine Verachtung sie genugsam bezeichnet hat.

31

Die Glücklichen und Unglücklichen kennen, um sich zu jenen zu halten und diese zu fliehen. Das Unglück ist meistenteils Strafe der Torheit, und für die Teilnahme ist keine Krankheit ansteckender. Man darf nie dem kleinen Übel die Tür öffnen, denn hinter ihm werden sich stets viel andere und größere einschleichen. Die feinste Kunst beim Kartenspiel besteht im richtigen Ausspielen, und die kleinste Karte der Farbe, die jetzt Trumpf ist, ist wichtiger als die größte derjenigen, die es vorher war. Ist man zweifelhaft, so ist das Gescheiteste, sich zu den Klugen und Vorsichtigen zu halten, da diese früh oder spät das Glück einholen.

32

Im Rufe der Gefälligkeit stehen. Das Ansehen derer, die am Staatsruder stehn, gewinnt sehr dadurch, daß sie willfährig sind, und die Huld ist eine Eigenschaft der Herrscher, durch welche sie die allgemeine Gunst erlangen. Dies ist ja eben der einzige Vorzug, den die höchste Macht gibt, daß man mehr Gutes tun kann als alle andern. Freunde sind die, welche Freundschaft erweisen. Dagegen gibt es andre, welche sich darauf legen, ungefällig zu sein, nicht so sehr wegen des Beschwerlichen als aus Tücke; sie sind ganz und gar das Gegenteil der göttlichen Milde.

33

Sich zu entziehen wissen. Wenn eine große Lebensregel die ist, daß man zu verweigern verstehe, so folgt, daß es noch eine wichtigere ist, daß man sich selbst, sowohl den Geschäften als den Personen, zu verweigern wisse. Es gibt fremdartige Beschäftigungen, welche die Motten der kostbaren Zeit sind! Sich mit etwas Ungehörigem beschäftigen, ist schlimmer als Nichtstun. Für den Umsichtigen ist es nicht hinreichend, daß er nicht zudringlich sei, sondern er muß auch dafür sorgen, daß andre sich ihm nicht aufdringen. So sehr darf man nicht allen angehören, daß man nicht mehr sich selber angehörte. Ebenso darf man auch seinerseits nicht seine Freunde mißbrauchen, und nicht mehr von ihnen verlangen, als sie eingeräumt haben. Jedes Übermaß ist fehlerhaft, aber am meisten im Umgang. Mit dieser klugen Mäßigung wird man sich am besten die Gunst und Wertschätzung aller erhalten, weil alsdann der so kostbare Anstand nicht allmählich bei Seite gesetzt wird. Man erhalte sich also die Freiheit seiner Sinnesart, liebe innig das Auserlesene jeder Gattung und tue nie der Aufrichtigkeit seines guten Geschmackes Gewalt an.

34

Seine vorherrschende Fähigkeit kennen, sein hervorstehendes Talent; sodann dieses ausbilden und den übrigen nachhelfen. Jeder wäre in irgend etwas ausgezeichnet geworden, hätte er seinen Vorzug gekannt. Man beobachte also seine überwiegende Eigenschaft und verwende auf diese allen Fleiß. Bei einigen ist der Verstand, bei andern die Tapferkeit vorherrschend. Die meisten tun aber ihren Naturgaben Gewalt an und bringen es deshalb in nichts zur Überlegenheit. Das, was anfangs der Leidenschaft schmeichelte, wird von der Zeit zu spät als Irrtum aufgedeckt.

35

Nachdenken, und am meisten über das, woran am meisten gelegen ist. Weil sie nicht denken, gehen alle Dummköpfe zugrunde; sie sehen in den Dingen nie auch nur die Hälfte von dem, was da ist; und da sie sich so wenig anstrengen, daß sie nicht einmal ihren eigenen Schaden oder Vorteil begreifen, legen sie großen Wert auf das, woran wenig, und geringen auf das, woran viel gelegen ist, stets verkehrt abwägend. Viele verlieren den Verstand nur deshalb nicht, weil sie keinen haben. Es gibt Sachen, die man mit der ganzen Anstrengung seines Geistes untersuchen und nachher in der Tiefe desselben aufbewahren soll. Der Kluge denkt über alles nach, wiewohl mit Unterschied: er vertieft sich da, wo er Grund und Widerstand findet, und denkt bisweilen, daß noch mehr da ist, als er denkt; dergestalt reicht sein Nachdenken ebenso weit als seine Besorgnis.

36

Sein Glück erwogen haben um zu handeln, um sich einzulassen. Daran ist mehr gelegen als an der Beobachtung seines Temperamentes. Ist aber der ein Tor, welcher im vierzigsten Jahre sich an den Hippokrates seiner Gesundheit halber wendet, so ist es der noch mehr, welcher dann erst an den Seneca der Weisheit wegen. Es ist eine große Kunst, sein Glück zu leiten zu wissen, indem man bald es abwartet — denn auch mit Warten ist zuweilen bei ihm etwas auszurichten — bald es zur rechten Zeit benutzt, da es Perioden hält und Gelegenheiten darbietet, obwohl man ihm seinen Gang nicht ablernen kann, so regellos sind seine Schritte. Wer es günstig befunden hat, schreite keck vorwärts; denn es liebt die Kühnen leidenschaftlich und als schönes Weib auch die Jünglinge. Wer aber Unglück hat, tue nichts mehr; sondern ziehe sich zurück, damit er nicht zu dem Unstern, der schon über ihm steht, noch einen zweiten heranrufe.

37

Stichelreden kennen und anzuwenden verstehen. Dies ist der Punkt der größten Feinheit im menschlichen Umgang. Solche Stichelreden werden oft hingeworfen, um die Gemüter zu prüfen, und mittelst ihrer stellt man die versteckteste und zugleich eindringlichste Untersuchung des Herzens an. Eine andere Art derselben sind die boshaften, verwegenen, vom Gift des Neides angesteckten oder mit dem Geifer der Leidenschaft getränkten; diese sind oft unvorhergesehene Blitze, durch welche man aus aller Gunst und Hochachtung mit einem Male herabgeschleudert wird; von einem leichten Wörtchen dieser Art getroffen, sind manche aus dem engsten Vertrauen der höchsten oder geringerer Personen herabgestürzt, denen doch auch nur den mindesten Schreck zu erregen eine vollständige Verschwörung zwischen der Unzufriedenheit der Menge und der Bosheit der einzelnen unvermögend gewesen war. Wieder eine andere Art von Stichelreden wirkt im entgegengesetzten Sinne, indem sie unser Ansehen stützt und befestigt. Allein mit derselben Geschicklichkeit, mit welcher die Absichtlichkeit sie schleudert, muß die Vorsicht sie empfangen, ja die Umsicht sie schon zum voraus erwarten. Denn hier beruht die Abwehr auf der Kenntnis des Übels, und der vorhergesehene Schuß verfehlt jedesmal sein Ziel.

38

Vom Glücke beim Gewinnen scheiden: so machen es alle Spieler von Ruf. Ein schöner Rückzug ist ebensoviel wert als ein kühner Angriff. Man bringe seine Taten, wenn ihrer genug, wenn ihrer viele sind, in Sicherheit. Ein lange anhaltendes Glück ist allemal verdächtig: das unterbrochene ist sicherer und das Süßsaure desselben sogar dem Geschmack angenehmer. Je mehr sich Glück auf Glück häuft, desto mehr Gefahr laufen sie auszugleiten und alle miteinander niederzustürzen. Die Höhe der Gunst wird oft durch die Kürze ihrer Dauer aufgewogen; das Glück wird es müde, einen so lange auf den Schultern zu tragen.

39

D e n P u n k t d e r R e i f e a n d e n D i n g e n k e n n e n, um sie dann zu genießen. Die Werke der Natur gelangen alle zu einem Gipfel der Vollkommenheit; bis dahin nahmen sie zu, von dem an nehmen sie ab; unter denen der Kunst hingegen sind nur wenige, die dahin gebracht wären, daß sie keiner Verbesserung mehr fähig sind. Es ist ein Vorzug des guten Geschmacks, daß er jede Sache auf dem Punkte ihrer Vollendung genießt. Alle können dies nicht, und die es könnten, verstehen es nicht. Sogar für die Früchte des Geistes gibt es einen solchen Punkt der Reife; es ist wichtig, ihn zu kennen, hinsichtlich der Schätzung sowohl als der Ausübung.

40

G u n s t b e i d e n L e u t e n. Die allgemeine Bewunderung zu erlangen, ist viel; mehr jedoch, die allgemeine Liebe. In etwas hängt es von der Gunst der Natur, aber mehr von der Bemühung ab; jene legt den Grund, diese führt es aus. Ausgezeichnete Fähigkeiten reichen nicht hin, obwohl sie vorausgesetzt werden; denn hat man einmal die Meinung gewonnen, so ist es leicht, auch die Zuneigung zu gewinnen. Sodann erwirbt man Wohlwollen nicht ohne Wohltun. Gutes getan, mit beiden Händen, schöne Worte, noch bessere Taten, lieben, um geliebt zu werden. Die Höflichkeit ist die größte politische Zauberei der Großen. Erst strecke man seine Hand zu Taten aus, und sodann nach den Federn; vom Stichblatt nach dem Geschichtsblatt; denn es gibt auch eine Gunst der Schriftsteller, und sie ist unsterblich.

41

N i e ü b e r t r e i b e n. Es sei ein wichtiger Gegenstand unsrer Aufmerksamkeit, nicht in Superlativen zu reden; teils um nicht der Wahrheit zu nahe zu treten, teils um nicht unsern Verstand herabzusetzen. Die Übertreibungen sind Verschwendungen der Hochschätzung, und zeugen von der Beschränktheit unserer Kenntnisse und unseres Geschmacks. Das Lob erweckt lebhafte Neugierde, reizt das Begehren; und wann nun nachher, wie es sich gemeiniglich trifft, der Wert dem Preise nicht entspricht, so wendet die getäuschte Erwartung sich gegen den Betrug und rächt sich durch Geringschätzung des Gerühmten und des Rühmers. Daher gehe der Kluge zurückhaltend zu Werke und fehle lieber durch ein Zuwenig als durch ein Zuviel. Die ganz außerordentlichen Dinge jeder Art sind selten; also mäßige man seine Wertschätzung. Die Übertreibung ist der Lüge verwandt, und durch dieselbe kommt man um den Ruf des guten Geschmacks, welches viel, und um den der Verständigkeit, welches mehr ist.

42

Von angeborener Herrschaft. Sie ist die geheim wirkende Kraft der Überlegenheit. Nicht aus einer widerlichen Künstelei darf sie hervorgehen, sondern aus einer gebietenden Natur. Alle unterwerfen sich ihr, ohne zu wissen wie, indem sie die verborgene Macht natürlicher Autorität anerkennen. Diese gebietenden Geister sind Könige durch ihren Wert und Löwen kraft angeborenen Vorrechts. Durch die Hochachtung, die sie einflößen, nehmen sie Herz und Verstand der übrigen gefangen. Sind solchen nun auch die andern Fähigkeiten günstig, so sind sie geboren, die ersten Hebel der Staatsmaschine zu sein; denn sie bewirken mehr durch eine Miene, als andre durch eine lange Rede.

43

Denken wie die Wenigsten und reden wie die Meisten. Gegen den Strom schwimmen zu wollen, vermag keineswegs den Irrtum zu zerstören, sehr wohl aber in Gefahr zu bringen. Nur ein Sokrates konnte es unternehmen. Von anderer Meinung abweichen, wird für Beleidigung gehalten; denn es ist ein Verdammen des fremden Urteils. Bald mehren sich die darob Verdrießlichen, teils wegen des getadelten Gegenstandes, teils dessentwegen, der ihn gelobt hatte. Die Wahrheit ist für wenige, der Trug so allgemein wie gemein. Den Weisen wird man nicht an dem erkennen, was er auf dem Marktplatz redet, denn dort spricht er nicht mit seiner Stimme, sondern mit der der allgemeinen Torheit, so sehr auch sein Inneres sie verleugnen mag. Der Kluge vermeidet ebensosehr, daß man ihm, als daß er andern widerspreche; so bereit er zum Tadel ist, so zurückhaltend in der Äußerung desselben. Das Denken ist frei, ihm kann und darf keine Gewalt geschehen. Daher zieht der Kluge sich zurück in das Heiligtum seines Schweigens; und läßt er je sich bisweilen aus, so ist es im engen Kreise Weniger und Verständiger.

44

Mit großen Männern sympathisieren. Es ist eine Eigenschaft der Heroen, mit Heroen übereinzustimmen. Hierin liegt ein Wunder der Natur, sowohl wegen des Geheimnisvollen darin, als auch wegen des Nützlichen. Es gibt eine Verwandtschaft der Herzen und Gemütsarten; ihre Wirkungen sind solche, wie sie die Unwissenheit des großen Haufens Zaubertränken zuschreibt. Sie bleibt nicht bei der Hochachtung stehen, sondern geht bis zum Wohlwollen, ja bis zur Zuneigung. Sie überredet ohne Worte und erlangt ohne Verdienst. Es gibt eine aktive und eine passive; beide sind heilbringend, und um so mehr, in je erhabenerer Gattung. Es ist eine große Geschicklichkeit, sie zu erkennen, zu unterscheiden und sie zu nutzen zu verstehen. Denn kein Eigensinn kann ohne diese geheime Gunst zum Zwecke führen.

45

Von der Schlauheit Gebrauch nicht Mißbrauch machen. Man soll sich nicht in ihr gefallen, noch weniger sie zu verstehen geben. Alles Künstliche muß verdeckt bleiben, weil es verdächtigt ist, besonders aber, wenn es Vorsichtsmaßregeln betrifft; denn da ist es verhaßt. Der Betrug ist stark im Gebrauch, daher verdopple sich der Verdacht, ohne jedoch sich erkennen zu geben; weil er sonst Mißtrauen erregt, sehr kränkt, zur Rache auffordert und Schlechtigkeiten erweckt, an welche vorher keiner gedacht hatte. Mit Überlegung zu Werke gehen, ist ein mächtiger Vorteil beim Handeln, und es gibt keinen sicherern Beweis von Vernunft. Die größte Vollkommenheit der Handlungen stützt sich auf die sichere Meisterschaft, mit der man sie ausführt.

46

S e i n e A n t i p a t h i e b e m e i s t e r n. Oft verabscheuen wir aus freien Stücken, und sogar ehe wir die Eigenschaften der betreffenden Personen kennengelernt haben; bisweilen wagt dieser angeborene, pöbelhafte Widerwille sich selbst gegen die ausgezeichnetsten Männer zu regen. Die Klugheit werde Herr über ihn; denn nichts kann eine schlechtere Meinung von uns erregen, als daß wir die verabscheuen, welche mehr wert sind als wir. So sehr die Sympathie mit großen Männern zu unserm Vorteil spricht, setzt die Antipathie gegen dieselben uns herab.

47

E h r e n s a c h e n m e i d e n. Einer der wichtigsten Gegenstände der Vorsicht. In Leuten von umfassendem Geiste liegen stets die Extreme sehr weit von einander entfernt, so daß ein langer Weg von einem zum andern ist; sie selbst aber halten sich immer im Mittelpunkt ihrer Klugheit, daher sie es nicht leicht zum Bruch kommen lassen. Denn es ist viel leichter, einer Gelegenheit dieser Art auszuweichen, als mit Glück aus derselben herauszukommen. Dergleichen sind Versuchungen unsrer Klugheit, und es ist sicherer, sie zu fliehen, als in ihnen zu siegen. Eine Ehrensache führt eine andere und schlimmere herbei, und dabei kann die Ehre leicht sehr zu Schaden kommen. Es gibt Leute, die vermöge ihres eigentümlichen oder ihres Nationalcharakters leicht Gelegenheit nehmen und geben und geneigt sind, Verpflichtungen dieser Art einzugehen. Hingegen bei dem, der im Lichte der Vernunft wandelt, bedarf die Sache längerer Überlegung. Er sieht mehr Mut darin, sich nicht einzulassen als zu siegen; und wenn auch etwa ein allzeit bereitwilliger Narr da ist, so bittet er zu entschuldigen, daß er nicht Lust hat, der andre zu sein.

48

G r ü n d l i c h k e i t u n d T i e f e. Nur soweit man diese hat, kann man mit Ehren eine Rolle spielen. Stets muß das Innere noch einmal soviel sein wie das Äußere. Dagegen gibt es Leute von bloßer Fassade, wie Häuser, die, weil die Mittel fehlten, nicht ausgebaut sind und den Eingang eines Palastes, den

Wohnraum einer Hütte haben. An solchen ist gar nichts, wobei man lange weilen könnte, obwohl sie langweilig genug sind; denn sind die ersten Begrüßungen zu Ende, so ist es auch die Unterhaltung. Mit den vorläufigen Höflichkeitsbezeugungen treten sie wohlgemut auf, wie sizilianische Pferde, aber gleich darauf versinken sie in Stillschweigen, denn die Worte versiegen bald, wo keine Quelle von Gedanken fließt. Andre, die selbst einen oberflächlichen Blick haben, werden leicht von solchen getäuscht; aber nicht so die Schlauen: diese gehen aufs Innere und finden es leer, bloß zum Spotte gescheiter Leute tauglich.

49

Scharfblick und Urteil. Wer hiemit begabt ist, bemeistert sich der Dinge, nicht sie seiner; die größte Tiefe weiß er zu ergründen und die Fähigkeiten eines Kopfes auf das vollkommenste anatomisch zu zerlegen. Indem er einen Menschen sieht, versteht er ihn und beurteilt sein innerstes Wesen. Er macht feine Beobachtungen und versteht meisterhaft, das verborgenste Innere zu entziffern. Er bemerkt scharf, begreift gründlich und urteilt richtig; alles entdeckt, sieht, faßt und versteht er.

50

Nie setze man Achtung gegen sich selbst aus den Augen und mache sich nicht mit sich selbst gemein. Unsere eigene Makellosigkeit muß die Richtschnur für unsern untadelhaften Wandel sein, und die Strenge unseres eigenen Urteils muß mehr über uns vermögen als alle äußeren Vorschriften. Das Ungeziemende unterlasse man mehr aus Scheu vor seiner eigenen Einsicht als aus Scheu von der strengsten fremden Autorität. Man gelange dahin, sich selbst zu fürchten, so wird man Senecas imaginären Hofmeister nicht nötig haben.

51

Zu wählen wissen. Das meiste im Leben hängt davon ab. Es erfordert guten Geschmack und richtiges Urteil; weder Gelehrsamkeit noch Verstand reichen aus. Ohne Wahl ist keine Vollkommenheit; jene schließt in sich, daß man wählen könne, und das Beste. Viele Menschen von fruchtbarem und gewandtem Geiste, scharfem Verstande, Gelehrsamkeit und Umsicht, wenn sie zum Wählen kommen, gehen dennoch zugrunde; sie ergreifen allemal das Schlechteste, als ob sie es darauf anlegten, irre zu gehen. Also ist dieses eine der größten Gaben von oben.

52

Nie aus der Fassung geraten. Ein großer Punkt der Klugheit, nie sich zu entrüsten. Es zeigt einen ganzen Mann von großem Herzen an; denn alles Große ist schwer zu bewegen. Die Affekte sind krankhafte Säfte der Seele; und an jedem Übermaß derselben erkrankte die Klugheit; steigt gar das Übel bis zum Munde hinaus, so läuft die Ehre Gefahr. Man sei daher so ganz Herr über sich und so groß, daß man weder im größten Glück noch im größten Unglück die Blöße einer Entrüstung gebe, vielmehr, als über jene erhaben, Bewunderung gebiete.

53

Tätigkeit und Verstand. Was dieser ausführlich durchdacht hat, führt jene rasch aus. Eilfertigkeit ist eine Eigenschaft der Dummköpfe, weil sie den Punkt des Anstoßes nicht gewahr werden, gehn sie ohne Vorsicht zu Werke. Dagegen pflegen die Weisen eher durch Zurückhaltung zu fehlen; denn das Vorhersehen gebiert Vorkehrungen, und so vereitelt Mangel an Tatkraft bisweilen die Früchte des richtigen Urteils. Schnelligkeit ist die Mutter des Glücks. Wer nichts auf morgen ließ, hat viel getan. Eile mit Weile war ein recht kaiserlicher Wahlspruch.

54

Haar auf den Zähnen haben. Den toten Löwen zupfen sogar die Hasen an der Mähne. Mit der Tapferkeit läßt sich nicht Scherz treiben. Gibst du dem ersten nach, so mußt du es auch dem andern, und so bis zum letzten; und spät zu siegen, hast du dieselbe Mühe, die dir gleich anfangs mehr genützt hätte. Der geistige Mut übertrifft die körperliche Kraft; er sei ein Schwert, das stets in der Scheide der Klugheit ruht für die

Gelegenheit bereit. Er ist der Schirm der Person; die geistige Schwäche setzt mehr herab als die körperliche. Viele hatten außerordentliche Fähigkeiten, aber weil es ihnen an Herz fehlte, lebten sie wie Tote und endigten begraben in ihrer Untätigkeit. Nicht ohne Absicht hat die sorgsame Natur in der Biene die Süße des Honigs mit der Schärfe des Stachels verbunden. Sehnen und Knochen hat der Leib; so sei der Geist auch nicht lauter Sanftmut.

55

Warten können. Es beweist ein großes Herz mit Reichtum an Geduld, wenn man nie in eiliger Hitze, nie leidenschaftlich ist. Erst sei man Herr über sich, so wird man es nachher über andere sein. Nur durch die weiten Räume der Zeit gelangt man zum Mittelpunkt der Gelegenheit. Weise Zurückhaltung bringt die richtigen, lange geheim zu haltenden Beschlüsse zur Reife. Die Krücke der Zeit richtet mehr aus als die eiserne Keule des Herkules. Gott selbst züchtigt nicht mit dem Knittel, sondern mit der Zeit. Ein großes Wort: „Die Zeit und ich nehmen es mit zwei andern auf."* Das Glück selbst krönt das Warten durch die Größe des Lohns.

56

Geistesgegenwart haben. Sie entspringt aus einer glücklichen Schnelligkeit des Geistes. Für sie gibt es keine Gefahren noch Unfälle, kraft ihrer Lebendigkeit und Aufgewecktheit. Manche denken viel nach, um nachher alles zu verfehlen; andere treffen alles, ohne es vorher überlegt zu haben. Es gibt antiparastatische Genies, die erst in der Klemme am besten wirken; sie sind eine Art Ungeheuer, denen aus dem Stegreif alles, mit Überlegung nichts gelingt; was ihnen nicht gleich einfällt, finden sie nie: in ihrem Kopfe ist kein Appellationshof. Die Raschen also erlangen Beifall, weil sie den Beweis einer gewaltigen Fähigkeit, Feinheit im Denken und Klugheit im Tun ablegen.

* Dies soll Philipp der Zweite gesagt haben.

57

Sicherer sind die Überlegten. Schnell genug geschieht, was gut geschieht. Was sich auf der Stelle macht, kann auch auf der Stelle wieder zunichte werden; aber was eine Ewigkeit dauern soll, braucht auch eine, um zustande zu kommen. Nur die Vollkommenheit gilt, und nur das Gelungene hat Dauer. Verstand und Gründlichkeit schaffen unsterbliche Werke. Was viel wert ist, kostet viel; ist doch das edelste Metall das schwerste.

58

Sich anzupassen verstehen. Nicht allen soll man auf gleiche Weise seinen Verstand zeigen, und nie mehr Kraft verwenden, als gerade nötig ist. Nichts werde verschleudert, weder vom Wissen noch vom Leisten. Der gescheite Falkonier läßt nicht mehr Vögel steigen, als die Jagd erfordert. Man lege nicht immer alles zur Schau aus, sonst wird es morgen keiner mehr bewundern. Immer habe man etwas Neues, damit zu glänzen; denn wer jeden Tag mehr aufdeckt, unterhält die Erwartung, und nie werden Grenzen seiner großen Fähigkeiten aufgefunden.

59

Das Ende bedenken. Wenn man in das Haus des Glükkes durch die Pforte des Jubels eintritt, so wird man durch die des Wehklagens wieder heraustreten, und umgekehrt. Daher soll man auf das Ende bedacht sein und seine Sorgfalt mehr auf ein glückliches Abgehen als auf den Beifall beim Auftreten richten. Es ist das gewöhnliche Los der Unglückskinder, einen gar fröhlichen Anfang, aber ein sehr tragisches Ende zu erleben. Das so gemeine Beifallsklatschen beim Auftreten ist nicht die Hauptsache, allen wird es zuteil, sondern das allgemeine Gefühl, das sich bei unserem Abtreten äußert. Denn die Zurückgewünschten sind selten. Wenige geleitet das Glück bis an die Schwelle; so höflich es gegen die Ankommenden zu sein pflegt, so schnöde gegen die Abgehenden.

60

Gesundes Urteil. Einige werden klug geboren: mit diesem Vorteil der angeborenen großen Obhut ihrer selbst treten sie an die Studien, und so ist ihnen die Hälfte des Weges zum Gelingen vorausgegeben; wenn nun Alter und Erfahrung ihre Vernunft völlig zur Reife gebracht haben, so gelangen sie zu einem vollgültigen und richtigen Urteil. Sie verabscheuen eigensinnige Grillen jeder Art als Verführerinnen der Klugheit, zumal in Staatsangelegenheiten, welche wegen ihrer hohen Wichtigkeit vollkommene Sicherheit erfordern. Solche Leute verdienen am Staatsruder zu stehen, sei es zur Lenkung oder zum Rat.

61

Das Höchste, in der höchsten Gattung: ein gar einziger Vorzug bei der Menge und Verschiedenheit der Vollkommenheiten. Es kann keinen großen Mann geben, der nicht in irgend etwas alle andern überträfe. Mittelmäßigkeiten sind kein Gegenstand der Bewunderung. Die höchste Trefflichkeit in einem hervorstechenden Berufe kann allein uns aus der Menge der Gewöhnlichen herausheben und unter die Zahl der Seltenen versetzen. Ausgezeichnet sein in einem geringen Beruf heißt etwas sein in dem, was wenig ist: was es am Angenehmen voraus haben mag, büßt es am Rühmlichen ein. Das Höchste leisten, und in der vorzüglichsten Gattung, drückt uns gleichsam einen Souveränitätscharakter auf, gebietet Bewunderung und gewinnt die Herzen.

62

Sich guter Werkzeuge bedienen. Einige wollen, daß die Nichtswürdigkeit ihrer Werkzeuge ihren eigenen Scharfsinn zu verherrlichen diene: eine gefährliche Genugtuung, welche vom Schicksal eine Züchtigung verdient. Nie hat die Trefflichkeit des Ministers die Größe seines Herrn verringert, vielmehr fällt der Ruhm des Gelungenen stets auf die Hauptursache zurück, wie auch beim Gegenteil der Tadel. Die Fama hält sich immer an die Hauptpersonen; sie sagt nie: der hatte gute, jener schlechte Diener; sondern: der war ein guter, jener ein schlechter

Künstler. Also wähle man sie, prüfe man sie, denn einen unvergänglichen Ruhm hat man in ihre Hände zu legen.

63

E s i s t e i n g r o ß e r R u h m , d e r e r s t e i n s e i n e r A r t z u s e i n , und zwiefach, wenn Vortrefflichkeit dazu kommt. Großen Vorteil hat der Bankhalter, der mit den Karten in der Hand spielt: er gewinnt, wenn die Partie gleich ist. Mancher wäre ein Phönix in seinem Beruf gewesen, hätte er keine Vorgänger gehabt. Die ersten jeder Art gehen mit dem Majorat des Ruhms davon, den übrigen bleiben eingeklagte Alimente; was sie auch immer tun mögen, so können sie den gemeinen Flecken, Nachahmer zu sein, nicht abwaschen. Nur der Scharfsinn außerordentlicher Geister bricht neue Bahnen zur Auszeichnung, und zwar so, daß für die dabei zu laufende Gefahr die Klugheit gutsagt. Durch die Neuheit ihres Unternehmens haben Weise einen Platz in der Matrikel der großen Männer erworben. Manche mögen lieber die Ersten in der zweiten Klasse als die Zweiten in der ersten sein.

64

Ü b e l v e r m e i d e n u n d s i c h V e r d r i e ß l i c h k e i t e n e r s p a r e n , i s t e i n e b e l o h n e n d e K l u g h e i t. Vielen weiß die Vorsicht aus dem Wege zu gehen: sie ist die Luciana des Glücks und dadurch der Zufriedenheit. Schlimme Nachrichten soll man nicht überbringen, noch weniger empfangen; den Eingang soll man ihnen untersagen, wenn es nicht der der Hilfe ist. Einige haben nur für die Süßigkeit der Schmeicheleien Ohren, andere nur für die Bitterkeit der üblen Nachrede, und manche können nicht ohne einen täglichen Ärger leben, wie Mithridates nicht ohne Gift. Ebenfalls ist es keine Regel der Selbsterhaltung, daß man sich eine Betrübnis auf zeitlebens bereite, um einem andern, und stände er uns noch so nahe, einmal einen Gefallen zu tun. Nie soll man gegen seine eigene Wohlfahrt sündigen, um dem zu gefallen, der seinen Rat erteilt und aus dem Handel herausbleibt. Und bei jeder Begebenheit, wo dem andern eine Freude, sich selber einen Schmerz bereiten hieße, ist die passende Regel: es sei besser, daß er jetzt betrübt werde, als du nachher und ohne Nachhilfe.

65

Erhabener Geschmack. Er ist der Bildung fähig wie der Verstand. Je mehr Einsicht, desto größere Anforderungen, und, werden sie erfüllt, desto mehr Genuß. Einen hohen Geist erkennt man an der Erhabenheit seiner Neigung: ein großer Gegenstand muß es sein, der eine große Fähigkeit befriedigt. Wie große Bissen für einen großen Mund, so sind erhabene Dinge für erhabene Geister. Die trefflichsten Gegenstände scheuen ihr Urteil und die sichersten Vollkommenheiten verläßt das Zutrauen. Der Dinge erster Trefflichkeit sind wenige; daher sei die unbedingte Hochschätzung selten. Durch fortgesetzten Umgang teilt sich der Geschmack allmählich mit; weshalb es ein besonderes Glück ist, mit Leuten von richtigem Geschmack umzugehen. Andererseits soll man nicht ein Gewerbe daraus machen, mit allem unzufrieden zu sein, welches ein höchst albernes Extrem ist, und noch abscheulicher, wenn es aus Affektation, als wenn es aus Verstimmung entspringt. Einige möchten, daß Gott eine andere Welt, mit ganz andern Vollkommenheiten schüfe, um ihrer ausschweifenden Phantasie Genüge zu tun.

66

Den glücklichen Ausgang im Auge behalten. Manche setzen sich mehr die strenge Richtigkeit der Maßregeln zum Ziel als das glückliche Erreichen des Zwecks; allein stets wird, in der öffentlichen Meinung, die Schmach des Mißlingens die Anerkennung ihrer sorgfältigen Mühe überwiegen. Wer gesiegt hat, braucht keine Rechenschaft abzulegen. Die ganze Beschaffenheit der Umstände können die meisten nicht sehen, sondern bloß den guten oder schlechten Erfolg; daher wird man nie in der Meinung verlieren, wenn man seinen Zweck erreicht. Ein gutes Ende übergoldet alles, wie sehr auch immer das Unpassende der Mittel dagegen sprechen mag. Denn zuzeiten besteht die Kunst darin, daß man gegen die Regeln der Kunst verfährt, wenn nämlich ein glücklicher Ausgang anders nicht zu erreichen steht.

67

Beifällige Ämter vorziehen. Die meisten Dinge hängen von fremder Gunst ab. Die Wertschätzung ist für die Talente, was der West für die Blumen: Atem und Leben. Es gibt Ämter und Beschäftigungen, die dem allgemeinen Beifallsrufe offen stehen, und andere, die zwar wichtiger sind, jedoch sich keines Ansehens erfreuen. Jene erlangen die allgemeine Gunst, weil sie vor den Augen aller ausgeübt werden; diese, wenn sie gleich mehr vom Seltenen und Wertvollen an sich haben, bleiben in ihrer Zurückgezogenheit unbeachtet, zwar geehrt, aber ohne Beifall. Unter den Fürsten sind die siegreichen die berühmten; deshalb standen die Könige von Arragon in so hohen Ehren als Krieger, Eroberer, große Männer. Der begabte Mann ziehe die gepriesenen Ämter vor, die allen sichtbar sind und deren Einfluß sich auf alle erstreckt; dann wird die allgemeine Stimme ihm unvergänglichen Ruhm verleihen.

68

Es ist von höherem Wert, Verstand als Gedächtnis zu leihen: um so viel, als man bei diesem nur zu erinnern, bei jenem aufzufassen hat. Manche unterlassen Dinge, die gerade an der Zeit wären, weil solche sich ihnen nicht darbieten: dann helfe eines Freundes Umsicht auf die Spur des Passenden. Eine der größten Geistesgaben ist die, daß einem sich darbiete, was not tut; weil es daran fehlt, unterbleiben manche Dinge, die gelungen wären. Teile sein Licht mit, wer es hat, und bewerbe sich darum, wer dessen bedarf; jener mit Zurückhaltung, dieser mit Aufmerksamkeit. Man gebe nicht mehr als ein Stichwort: diese Feinheit ist nötig, wenn der Nutzen des Erweckenden irgend mit im Spiel ist; man zeige seine Bereitwilligkeit und gehe weiter, wenn mehr verlangt wird; hat man nun das Nein, so suche man das Ja zu finden mit Geschick: denn das meiste wird nicht erlangt, weil es nicht unternommen wird.

69

Sich nicht gemeiner Launenhaftigkeit hingeben. Der ist ein großer Mann, welcher nie von fremdartigen Eindrücken bestimmt wird. Beobachtung seiner selbst ist eine Schule der Weisheit. Man kenne seine gegenwärtige Stimmung und baue ihr vor; ja, man werfe sich aufs entgegengesetzte Extrem, um zwischen dem Natürlichen und Künstlichen den Punkt zu treffen, wo auf der Waage der Vernunft die Zunge einsteht. Der Anfang der Selbstbesserung ist die Selbsterkenntnis. Es gibt Ungeheuer von Verstimmtheit; immer sind sie bei irgendeiner Laune, und mit dieser wechseln sie die Neigungen; so immerwährend von einer niederträchtigen Verstimmung am Seile geschleppt, lassen sie sich auf gerade entgegengesetzte Seiten ein. Und nicht bloß den Willen verdirbt dieser ausschweifende Hang; auch an den Verstand wagt er sich: Wollen und Erkennen wird durch ihn verschroben.

70

Abzuschlagen verstehen. Nicht allen und nicht alles darf man zugestehen. Jenes ist also ebenso wichtig, als daß man zu bewilligen wisse. Besonders ist den Mächtigen Aufmerksamkeit darauf dringend nötig, hier kommt es viel auf die Art an. Das Nein des einen wird höher geschätzt als das Ja mancher andern, denn ein vergoldetes Nein befriedigt mehr als ein trokkenes Ja. Viele gibt es, die immer das Nein im Munde haben, wodurch sie den Leuten alles verleiden. Das Nein ist bei ihnen immer das erste, und wenn sie auch nachher alles bewilligen, so schätzt man es nicht, weil es durch jenes schon verleidet ist. Man soll nichts gleich rund abschlagen, vielmehr lasse man die Bittsteller Zug vor Zug von ihrer Selbsttäuschung zurückkommen. Auch soll man nie etwas ganz und gar verweigern; denn das hieße jenen die Abhängigkeit aufkündigen: man lasse immer noch ein wenig Hoffnung übrig, die Bitterkeit der Weigerung zu versüßen. Endlich fülle man durch Höflichkeit die Lücke aus, welche die Gunst hier läßt, und setzte schöne Worte an die Stelle der Werke. Ja und Nein sind schnell gesagt, erfordert aber langes Nachdenken.

71

Nicht ungleich sein, nicht widersprechend in seinem Benehmen, weder von Natur noch aus Affektation. Ein verständiger Mann ist stets derselbe in allen seinen Vollkommenheiten und erhält sich dadurch den Ruf der Gescheitheit; Veränderungen können bei ihm nur aus äußeren Ursachen oder fremden Verdiensten entstehen. In Sachen der Klugheit ist die Abwechslung eine Häßlichkeit. Es gibt Leute, die alle Tage andere sind, sogar ihr Verstand ist ungleich, noch mehr ihr Wille und bis auf ihr Glück. Was gestern das Weiße ihres Ja war, ist heute das Schwarze ihres Nein. So arbeiten sie beständig ihrem eigenen Kredit und Ansehen entgegen und verwirren die Begriffe der andern.

72

Ein Mann von Entschlossenheit. Nicht so verderblich ist die schlechte Ausführung als die Unentschlossenheit. Flüssigkeiten verderben weniger, solange sie fließen, als wenn sie stocken. Es gibt zum Entschluß ganz unfähige Leute, die stets des fremden Antriebes bedürfen, und bisweilen entspringt dies nicht sowohl aus Verworrenheit der Urteilskraft, die bei ihnen vielmehr sehr hell ist, als aus Mangel an Tatkraft. Schwierigkeiten auffinden, beweist Scharfsinn; jedoch noch größern das Auffinden der Auswege zu ihnen. — Andere hingegen gibt es, die nichts in Verlegenheit setzt: von umfassendem Verstande und entschlossenem Charakter, sind sie für die höchsten Stellen geboren; denn ihr aufgeweckter Kopf befördert den Geschäftsgang und erleichtert das Gelingen. Sie sind gleich mit allem fertig, und haben sie einer Welt Rede gestanden, so bleibt ihnen noch Zeit für eine zweite übrig. Haben sie nur erst vom Glück Handgeld erhalten, so greifen sie mit größerer Sicherheit in die Geschäfte.

73

Vom Versehen Gebrauch zu machen wissen. Dadurch helfen kluge Leute sich aus Verwicklungen. Mit dem leichten Anstande einer witzigen Wendung kommen sie oft aus dem verworrensten Labyrinth. Aus dem schwierigsten Streite entschlüpfen sie artig und mit Lächeln. Der größte aller Feldherren setzte darein seinen Wert. Wo man etwas abzuschlagen hat, ist es eine höfliche List, das Gespräch auf andere Dinge zu lenken, und keine größere Feinheit gibt es als nicht zu verstehen.

74

Nicht von Stein sein. In den bevölkertsten Orten hausen die rechten wilden Tiere. Die Unzugänglichkeit ist ein Fehler, der aus dem Verkennen seiner selbst entspringt: da verändert man mit dem Stande den Charakter, wiewohl es kein passender Weg zur allgemeinen Hochachtung ist, daß man damit anfängt, allen ärgerlich zu sein. Ein sehenswertes Schauspiel ist ein so unzugängliches Ungeheuer, stets von seiner trotzenden Inhumanität besessen; die Abhängigen, deren hartes Schicksal will, daß sie mit ihm zu reden haben, treten ein wie zum Kampf mit einem Tiger, gerüstet mit Behutsamkeit und voll Furcht. Solche Leute wußten, um zu ihren Stellungen zu gelangen, sich bei allen beliebt zu machen; und jetzt, da sie solche inne haben, suchen sie sich dadurch zu entschädigen, daß sie sich allen verhaßt machen. Vermöge ihres Amtes sollen sie für viele dasein, sind aber aus Trotz oder Stolz für keinen da. Eine feine Züchtigung für sie ist, daß man sie stehen lasse, indem man ihnen den Umgang und mit diesem die Klugheit entzieht.

75

Sich ein heroisches Vorbild wählen: mehr zum Wetteifer als zur Nachahmung. Es gibt Muster der Größe, lebendige Bücher der Ehre. Jeder stelle sich die Größten in seinem Berufe vor, nicht sowohl um ihnen nachzuahmen, als zur Anspornung. Alexander weinte nicht über den begrabenen Achilles, sondern über sich, dessen Ruhm noch nicht recht auf die Welt gekommen war. Nichts erweckt so sehr den Ehrgeiz im Herzen als die Posaune des fremden Ruhms. Eben das, was den Neid zu Boden wirft, ermutigt ein edles Gemüt.

76

Nicht immer Scherz treiben. Der Verstand eines Mannes zeigt sich im Ernsthaften, welches daher mehr Ehre bringt als das Witzige. Wer immer scherzt, ist nie der Mann für ernste Dinge. Man stellt ihn dem Lügner gleich; sofern man beiden nicht glaubt, indem man beim einen Lügen, beim andern Possen vermutet. Nie weiß man, ob er bei Vernunft spricht, welches soviel ist, als hätte er keine. Nichts geziemt sich weniger als das beständige Schäkern. Manche erwerben sich den Ruf, witzige Köpfe zu sein auf Kosten des Kredits, für gescheite Leute zu gelten. Sein Weilchen mag der Scherz haben; aber alle übrige Zeit gehöre dem Ernst.

77

Sich allen zu fügen wissen — ein kluger Proteus: gelehrt mit dem Gelehrten, heilig mit dem Heiligen. Eine große Kunst, um alle zu gewinnen: denn die Übereinstimmung erwirbt Wohlwollen. Man beobachte die Gemüter und stimme sich nach dem eines jeden. Man lasse sich vom Ernsten und vom Jovialen mit fortreißen, indem man eine politische Verwandlung mit sich vornimmt. Abhängigen Personen ist diese Kunst dringend nötig. Aber als eine große Feinheit erfordert sie viel Talent; weniger schwer wird sie dem Manne, dessen Kopf in Kenntnissen und dessen Geschmack in Neigungen vielseitig ist.

78

Kunst im Unternehmen. Die Dummheit fällt allemal mit der Türe ins Haus; denn alle Dummen sind verwegen. Dieselbe Einfalt, welche ihnen die Aufmerksamkeit, Vorkehrungen zu treffen, benimmt, macht sie nachher gefühllos gegen den Schimpf des Mißlingens. Hingegen gehen die Klugen mit großer Vorsicht zu Werke. Ihre Kundschafter sind Aufpassen und Behutsamkeit: diese gehen forschend voran, damit man ohne Gefahr auftreten könne. Jede Verwegenheit ist von der Klugheit zum Untergang verurteilt, wenn auch bisweilen das Glück sie begnadigt. Mit Zurückhaltung muß man vorschreiten, wo tiefer Grund zu fürchten ist. Die Schlauheit gehe spürend voran, bis die Vorsicht allmählich Grund und Boden gewinnt. Heutzutage sind im menschlichen Umgang große Untiefen: man muß bei jedem Schritt das Senkblei gebrauchen.

79

Joviales Gemüt. Wenn mit Mäßigung, ist es eine Gabe, kein Fehler. Ein Gran Munterkeit würzt alles. Die größten Männer treiben auch bisweilen Possen, und es macht sie bei allen beliebt; jedoch verlieren sie dabei nie weder die Rücksichten der Klugheit, noch die Achtung vor dem Anstand aus den Augen. Andere wiederum helfen sich durch einen Scherz auf dem kürzesten Wege aus Verwicklungen; denn es gibt Dinge, die man als Scherz nehmen muß, und bisweilen sind es gerade die, welche der andere am ernstlichsten gemeint hat. Man legt dadurch Friedfertigkeit an den Tag, die ein Magnet der Herzen ist.

80

Bedacht im Erkundigen. Man lebt hauptsächlich auf Erkundigung. Das wenigste ist, was wir sehen: wir leben auf Treu und Glauben. Nun ist aber das Ohr die Nebentür der Wahrheit, die Haupttür der Lüge. Die Wahrheit wird meistens gesehen, nur ausnahmsweise gehört. Selten gelangt sie rein und unverfälscht zu uns, am wenigsten, wenn sie von weitem kommt: da hat sie immer eine Beimischung von den Affekten, durch die sie ging. Die Leidenschaft färbt alles, was sie berührt, mit ihren Farben, bald günstig, bald ungünstig. Sie bezweckt immer irgendeinen Eindruck; daher leihe man nur mit großer Behutsamkeit sein Ohr dem Lober, mit noch größerer dem Tadler. In diesem Punkt ist unsere ganze Aufmerksamkeit vonnöten, damit wir die Absicht des Vermittelnden herausfinden und schon zum voraus sehen, mit welchem Fuß er vortritt. Die schlaue Überlegung sei der Wardein des Übertriebenen und des Falschen.

81

Seinen Glanz erneuern. Es ist das Vorrecht des Phönix. Die Trefflichkeiten werden alt und mit ihnen der Ruhm; ein mittelmäßiges Neues sticht oft das Ausgezeichnete, wenn es alt geworden ist, aus. Man bewirke also seine Wiedergeburt, in der Tapferkeit, im Genie, im Glück, in allem. Man trete mit neuen, glänzenden Sachen hervor und gehe, wie die Sonne, wiederholt auf. Auch wechsele man den Schauplatz seines Glanzes, damit hier das Entbehren Verlangen, dort die Neuheit Beifall erwecke.

82

Nichts bis auf die Hefe leeren, weder das Schlimme, noch das Gute. Ein Weiser* führte auf Mäßigung die ganze Weisheit zurück. Das größte Recht wird zum Unrecht; und drückt man die Apfelsine zu sehr, so gibt sie zuletzt das Bittere. Auch im Genuß gehe man nie aufs Äußerste. Sogar der Geist wird stumpf, wenn man ihn bis aufs letzte anstrengt, und Blut statt Milch erhält, wer auf eine grausame Weise abzapft.

83

Sich verzeihliche Fehler erlauben, denn eine Nachlässigkeit ist zuzeiten die größte Empfehlung der Talente. Der Neid übt einen niederträchtigen, frevelhaften Ostrazismus aus. Dem ganz Vollkommenen wird er es zum Fehler anrechnen, daß es keine Fehler hat, und wird es als ganz vollkommen ganz verurteilen. Er wird zum Argus, um am Vortrefflichen Makel zu suchen, wenn auch nur zum Trost. Der Tadel trifft, wie der Blitz, gerade die höchsten Leistungen. Daher schlafe Homer bisweilen, und man affektiere einige Nachlässigkeiten, sei es im Genie, sei es in der Tapferkeit, — jedoch nie in der Klugheit, — um das Mißwollen zu besänftigen, daß es nicht berste vor Gift. Man werfe gleichsam dem Stier des Neides den Mantel zu, die Unsterblichkeit zu retten.

* Aristoteles.

84

Von den Feinden Nutzen ziehen. Man muß alle Sachen anzufassen verstehen, nicht bei der Schneide, wo sie verletzen, sondern beim Griff, wo sie beschützen; am meisten aber das Treiben der Widersacher. Dem Klugen nützen seine Feinde mehr als dem Dummen seine Freunde. Das Mißwollen ebnet oft Berge von Schwierigkeiten, mit welchen es aufzunehmen die Gunst sich nicht getraute. Vielen haben ihre Größe ihre Feinde auferbaut. Gefährlicher als der Haß ist die Schmeichelei, weil diese die Flecken verhehlt, die jene auszulöschen arbeitet. Der Kluge macht aus dem Groll einen Spiegel, welcher teuer ist als der Spiegel der Zuneigung, und beugt dann der Nachrede seiner Fehler vor oder bessert sie. Denn die Behutsamkeit wird groß, wenn Nebenbuhlerei und Mißwollen die Grenznachbarn sind.

85

Nicht die Manille* sein. Es ist ein Gebrechen alles Vortrefflichen, daß sein vieler Gebrauch zum Mißbrauch wird. Gerade das Streben aller danach führt zuletzt dahin, daß es allen zum Ekel wird. Zu nichts zu taugen, ist ein großes Unglück; ein noch größeres aber, zu allem taugen zu wollen; solche Leute verlieren durch zu vieles Gewinnen und werden zuletzt allen so sehr zum Abscheu, als sie anfangs begehrt waren. Diese Manillen nutzen die Vollkommenheiten jeder Art an sich ab; und nachdem sie aufgehört haben, als selten geschätzt zu werden, werden sie als gemein verachtet. Das einzige Mittel gegen ein solches Extrem ist, daß man im Glänzen ein Maß beobachte. Das Übermäßige sei in der Vollkommenheit selbst; im Zeigen derselben aber sei Mäßigung. Je mehr eine Fackel leuchtet, desto mehr verzehrt sie sich und verkürzt ihre Dauer. Kargheit im Sichzeigen erhält erhöhte Wertschätzung zum Lohn.

* Ausdruck aus dem L'Hombre-Spiel.

86

Übler Nachrede vorbeugen. Der große Haufen hat viele Köpfe und folglich viele Augen zur Mißgunst und viele Zungen zur Verunglimpfung. Geschieht es, daß unter ihm irgendeine üble Nachrede in Umlauf kommt, so kann das größte Ansehen darunter leiden; wird solche gar zu einem gemeinen Spitznamen, so kann sie die Ehre untergraben. Den Anlaß gibt meistens irgendein hervorstechender Übelstand, ein lächerlicher Fehler, wie dem dergleichen der passendste Stoff zum Geschwätz ist. Oft aber auch ist es die Tücke einzelner, welche der allgemeinen Bosheit Verunglimpfungen zuführt. Denn es gibt Lästermäuler, und diese richten einen großen Ruf schneller durch ein Witzwort, als durch einen offen hingeworfenen, frechen Vorwurf zugrunde. Man kommt gar leicht in schlechten Ruf, weil das Schlechte sehr glaublich ist; sich rein zu waschen, hält aber schwer. Der kluge Mann vermeide also solche Unfälle und stelle der Unverschämtheit des gemeinen Haufens seine Wachsamkeit entgegen; denn leichter ist das Verhüten als die Abhilfe.

87

Bildung und Eleganz. Der Mensch wird als ein Barbar geboren, und nur die Bildung befreit ihn von der Bestialität. Die Bildung macht den Mann, und um so mehr, je höher sie ist. Kraft derselben durfte Griechenland die ganze übrige Welt Barbaren heißen. Die Unwissenheit ist sehr roh: nichts bildet mehr als Wissen. Jedoch das Wissen selbst ist ungeschlachtet, wenn es ohne Eleganz ist. Nicht allein unsere Kenntnisse müssen elegant sein, sondern auch unser Wollen und zumal unser Reden. Es gibt Leute von natürlicher Eleganz, von innerer und äußerer Zierlichkeit, im Denken, im Reden, im Putz des Leibes, welcher der Rinde zu vergleichen ist, wie die Talente des Geistes der Frucht. Andere dagegen sind so ungehobelt, daß alles, was ihr ist, ja zuweilen ausgezeichnete Trefflichkeiten, eine unerträgliche barbarische Ungeschlachtheit verunstaltet.

88

Das Betragen sei großartig, Erhabenheit anstrebend. Der große Mann darf nicht kleinlich in seinem Verfahren sein. Nie muß man in den Angelegenheiten der Welt zu sehr ins einzelne gehen, am wenigsten, wenn sie verdrießlicher Art sind; denn obschon es ein Vorteil ist, alles gelegentlich zu bemerken, so ist es doch keiner, alles absichtlich untersuchen zu wollen. Gewöhnlich gehe man mit einer edlen Allgemeinheit zu Werke, die zum vornehmen Anstand gehört. Bei der Lenkung anderer ist eine Hauptsache das Nicht-sehen-wollen. Die meisten Dinge muß man unbeachtet hingehen lassen, zwischen Verwandten, Freunden und zumal zwischen Feinden. Alles Übermaß ist widerwärtig, und am meisten bei verdrießlichen Dingen. Das abermals und immer wieder auf einen Verdruß Zurückkommen ist eine Art Verrücktheit. Das Betragen eines jeden wird gemeiniglich so ausfallen, nach dem sein Herz und sein Verstand ist.

89

Kenntnis seiner selbst: an Sinnesart, an Geist, an Urteil, an Neigungen. Keiner kann Herr über sich sein, wenn er sich nicht zuvor begriffen hat. Spiegel gibt es für das Antlitz, aber keine für die Seele; daher sei ein solcher das verständige Nachdenken über sich; allenfalls vergesse man sein äußeres Bild, aber erhalte sich das innere gegenwärtig, um es zu verbessern, zu vervollkommnen. Man lerne die Kräfte seines Verstandes und seine Feinheit zu Unternehmungen kennen; man untersuche seine Tapferkeit, zum Einlassen in Händel; man ergründe seine ganze Tiefe und wäge seine sämtlichen Fähigkeiten zu allem.

90

Kunst, lange zu leben. Gut leben. Zwei Dinge werden schnell mit dem Leben fertig: Dummheit und Liederlichkeit. Die einen verlieren es, weil sie, es zu bewahren, nicht den Verstand, die andern, weil sie nicht den Willen haben. Wie Tugend ihr eigener Lohn, ist Laster seine eigene Strafe. Wer eifrig dem Laster lebt, endigt bald, im zwiefachen Sinn; wer eifrig der

Tugend lebt, stirbt nie. Die Untadelhaftigkeit der Seele teilt sich dem Leibe mit: ein gutgeführtes Leben wird nicht nur intensiv, sondern selbst extensiv ein langes sein.

91

Nie bei Skrupeln über Unvorsichtigkeit zum Werke schreiten. Die bloße Besorgnis des Mißlingens im Handelnden ist schon völlige Gewißheit im Zuschauer, zumal wenn er ein Nebenbuhler ist. Wenn schon in der ersten Hitze des Unternehmens die Urteilskraft Bedenken hegte, so wird sie nachher, im leidenschaftslosen Zustand, das Verdammungsurteil offenbarer Torheit ausprechen. Handlungen, an deren Vorsichtigkeit wir zweifeln, sind gefährlich, und sicherer wäre das Unterlassen. Die Klugheit läßt sich nicht auf Wahrscheinlichkeiten ein, sie wandelt stets im hellen Mittagslichte der Vernunft. Wie soll ein Unternehmen gut ablaufen, dessen Entwurf schon von der Besorgnis verurteilt wird? Und wenn die durchdachtesten, vom Nemine discrepante unseres Innern bestätigten Beschlüsse oft einen unglücklichen Ausgang nehmen, was haben solche zu erwarten, die bei schwankender Vernunft und Schlimmes augurierender Urteilskraft gefaßt wurden?

92

Überschwenglicher Verstand. Ich meine, in allem. Die erste und höchste Regel zum Handeln und zum Reden, notwendiger, je höher unsere Stellung ist, heißt: ein Gran Klugheit ist besser als Zentner Spitzfindigkeiten. Dabei wandelt man sicher, wenn auch nicht mit so lautem Beifall, obwohl der Ruf der Klugheit der Triumph des Ruhmes ist. Es sei hinlänglich, den Gescheiten genügt zu haben, deren Urteil der Probierstein gelungener Taten ist.

93

Universalität. Ein Mann, der alle Vollkommenheiten in sich vereint, gilt für viele. Indem er den Genuß derselben seinem Umgange mitteilt, verschönert er das Leben. Abwechslung mit Vollkommenheit gewährt die beste Unterhaltung. Es ist eine große Kunst, sich alles Gute aneignen zu können. Und da die Natur aus dem Menschen, indem sie ihn so hoch stellte, einen Inbegriff ihrer ganzen Schöpfung gemacht hat, so mache ihn nun auch die Kunst zu einer kleinen Welt durch Übung und Bildung des Verstandes und des Geschmacks.

94

Unergründlichkeit der Fähigkeiten. Der Kluge verhüte, daß man sein Wissen und sein Können bis auf den Grund ermesse, wenn er von allen verehrt sein will. Er lasse zu, daß man ihn kenne, aber nicht, daß man ihn ergründe. Keiner muß die Grenzen seiner Fähigkeiten auffinden können, wegen der augenscheinlichen Gefahr einer Enttäuschung. Nie gebe er Gelegenheit, daß einer ihm ganz auf den Grund komme. Denn größere Verehrung erregt die Mutmaßung und der Zweifel über die Ausdehnung der Talente eines jeden als die genaue Kundschaft davon, so groß sie auch immer sein mögen.

95

Die Erwartung rege erhalten. Man muß sie stets zu kirren wissen: das Viel verspreche noch mehr, die glänzendste Tat kündige noch glänzendere an. Man muß nicht seinen ganzen Rest an den ersten Wurf setzen. Ein großer Kunstgriff ist, daß man sich zu mäßigen wisse, im Anwenden seiner Kräfte wie auch seines Wissens, so daß man immer mehr und mehr die Erwartungen befriedigen kann.

96

Die große Obhut seiner selbst. Sie ist der Thron der Vernunft, die Grundlage der Vorsicht, und durch sie gelingt alles leicht. Sie ist eine Gabe des Himmels, und als die erste und größte die wünschenswerteste. Sie ist das Hauptstück der Rüstung und von so großer Wichtigkeit, daß die Abwesenheit keines andern den Mann unvollständig macht, sondern nur als ein Mehr oder Minder bemerkt wird. Alle Handlungen des Lebens hängen von ihrem Einfluß ab, und sie ist zu allen erfordert; denn alles muß mit Verstand geschehen. Sie besteht in einem natürlichen Hang zu allem, was der Vernunft am angemessensten ist, wodurch man bei allen Fällen das Richtigste ergreift.

97

Ruf erlangen und behaupten: es ist die Benutzung der Fama. Der Ruf ist schwer zu erlangen; denn er entsteht nur aus ausgezeichneten Eigenschaften, und diese sind so selten als die mittelmäßigen häufig. Einmal erlangt aber, erhält er sich leicht. Er legt Verbindlichkeiten auf; aber er wirkt noch mehr. Geht er wegen der Erhabenheit seiner Ursache und seiner Sphäre bis zur Verehrung, so verleiht er uns eine Art Majestät. Jedoch ist nur der wirklich gegründete Ruf von unvergänglicher Dauer.

98

Sein Wollen nur in Ziffernschrift. Die Leidenschaften sind die Pforten der Seele. Das praktischste Wissen besteht in der Vorstellungskunst. Wer mit offenen Karten spielt, läuft Gefahr, zu verlieren. Die Zurückhaltung des Vorsichtigen kämpfe gegen das Aufpassen des Forschenden: gegen Luchse an Spürgeist, Tintenfische* an Verstecktheit. Selbst unsern Geschmack darf keiner kennen, damit man ihm nicht begegne, entweder durch Widerspruch oder durch Schmeichelei.

99

Wirklichkeit und Schein. Die Dinge gelten nicht für das, was sie sind, sondern für das, was sie scheinen. Selten sind die, welche ins Innere schauen, und viele die, welche sich an den Schein halten. Recht zu haben, reicht nicht aus, wenn mit dem Schein der Arglist.

100

Ein vorurteilsfreier Mann, ein weiser Christ, ein philosophischer Hofmann — sein, aber nicht scheinen, geschweige affektieren. Die Philosophie ist außer Ansehen gekommen, und doch war sie die höchste Beschäftigung der Weisen. Die Wissenschaft der Denker hat alle Achtung verloren. Seneca

* Bekanntlich läßt der Tintenfisch, wenn verfolgt, einen braunen Farbstoff von sich, das Wasser zu verdunkeln.

führte sie in Rom ein; eine Zeitlang fand sie Gunst bei Hofe: jetzt gilt sie für eine Ungebührlichkeit. Und doch war stets die Aufdeckung des Trugs die Nahrung des denkenden Geistes, die Freude der Rechtschaffenen.

101

Die eine Hälfte der Welt lacht über die andere, und Narren sind alle. Jedes ist gut und jedes ist schlecht, wie es die Stimmen wollen. Was dieser wünscht, haßt jener. Ein unerträglicher Narr ist, wer alles nach seinen Begriffen ordnen will. Nicht von einem Beifall allein hängen die Vollkommenheiten ab. So viele Sinne als Köpfe, und so verschieden. Es gibt keinen Fehler, der nicht seinen Liebhaber fände, auch dürfen wir nicht den Mut verlieren, wenn unsre Sachen einigen nicht gefallen; denn andere werden nicht ausbleiben, die sie zu schätzen wissen; aber auch über den Beifall dieser darf man nicht eitel werden, denn wieder andere werden sie verwerfen. Die Richtschnur der wahren Zufriedenheit ist der Beifall berühmter Männer und derer, die in dieser Gattung eine Stimme haben. Man lebt nicht von *einer* Stimme, noch von *einer* Mode, noch von *einem* Jahrhundert.

102

Für große Bissen des Glücks einen Magen haben. Am Leibe der Gescheitheit ist ein nicht unwichtiger Teil ein großer Magen; denn das Große besteht aus großen Teilen. Große Glücksfälle setzen den nicht in Verlegenheit, der noch größerer würdig ist. Was manchem schon Überfüllung, ist dem andern noch Hunger. Vielen gibt ein ansehnliches Gericht gleich Unverdaulichkeit, wegen der Kleinheit ihrer Natur, die zu hohen Ämtern weder geboren, noch erzogen ist: ihr Benehmen zeigt danach gleich eine gewisse Säure, die von der unverdienten Ehre aufsteigenden Dämpfe machen ihnen den Kopf schwindlig, wodurch sie an hohen Orten große Gefahr laufen, und sie möchten platzen, weil ihr Glück in ihnen keinen Raum findet. Dagegen zeige der große Mann, daß er noch viel Gelaß für größere Dinge hat, und mit besonderer Sorgfalt meide er alles, was Anzeichen eines kleinen Herzens geben könnte.

103

Jeder sei in seiner Art majestätisch. Wenn er auch kein König ist, müssen doch alle seine Handlungen, nach seiner Sphäre, eines Königs würdig sein und sein Tun in den Grenzen seines Standes und Berufs königlich. Erhaben seien seine Handlungen, von hohem Flug seine Gedanken, und in allem seinem Treiben stelle er einen König an Verdienst, wenn auch nicht an Macht dar; denn das wahrhaft Königliche besteht in der Untadelhaftigkeit der Sitten, und so wird der die Größe nicht beneiden dürfen, der ihr zum Vorbild dienen könnte. Besonders aber sollte denen, welche dem Throne näher stehen, etwas von der wahren Überlegenheit ankleben, und sie sollten lieber die wahrhaft königlichen Eigenschaften als ein eitles Zeremoniell sich anzueignen suchen, nicht eine leere Aufgeblasenheit affektieren, sondern das wesentlich Erhabene annehmen.

104

Den Ämtern den Puls gefühlt haben. Ihre mannigfaltige Verschiedenheit zu kennen, ist eine meisterliche Kunde, die Aufmerksamkeit verlangt. Einige erfordern Mut, andere scharfen Verstand. Leichter zu verwalten sind die, wobei es auf Rechtschaffenheit, und schwerer die, wobei es auf Geschicklichkeit ankommt. Zu jenen gehört nichts weiter als ein rechtlicher Charakter; für diese hingegen reicht alle Aufmerksamkeit und Eifer nicht aus. Es ist eine mühsame Beschäftigung, Menschen zu regieren, und vollends Narren oder Dummköpfe. Doppelten Verstand hat man nötig bei denen, die keinen haben. Unerträglich aber sind die Ämter, welche den ganzen Menschen in Anspruch nehmen, zu gezählten Stunden und bei bestimmter Materie; besser sind die, welche keinen Überdruß verursachen, indem sie den Ernst mit Mannigfaltigkeit versetzen; denn die Abwechslung muntert auf. Des größten Ansehens genießen die, wobei die Abhängigkeit geringer oder doch entfernter ist. Die schlimmsten aber sind die, wegen derer man in dieser und noch viel mehr in jener Welt schwitzen muß.

105

Nicht lästig sein. Der Mann von einem Geschäft und einer Rede pflegt sehr beschwerlich zu fallen. Die Kürze ist einnehmend und dem Geschäftsgang gemäßer. Sie ersetzt an Höflichkeit, was ihr an Ausdehnung abgeht. Das Gute, wenn kurz, ist doppelt gut; und selbst das Schlimme, wenn wenig, ist nicht so schlimm. Quintessenzen sind wirksamer als ein ganzer Wust. Auch ist es eine bekannte Wahrheit, daß weitläufige Leute selten von vielem Verstande sind, welches sich nicht sowohl im Materiellen der Anordnung als im Formellen des Denkens zeigt. Es gibt Leute, welche mehr zum Hindernis als zur Zierde der Welt da sind, unnütze Möbel, die jeder aus dem Wege rückt. Der Kluge hüte sich, lästig zu sein, und zumal den Großen, da diese ein sehr beschäftigtes Leben führen, und es schlimmer wäre, einen von ihnen verdrießlich zu machen als die ganze übrige Welt. Das gut Gesagte ist bald gesagt.

106

Nicht mit seinem Glücke prahlen. Es ist beleidigender, mit Stand und Würde zu prunken, als mit persönlichen Eigenschaften. Das Sich-breit-machen ist verhaßt; man sollte am Neide genug haben. Hochachtung erlangt man desto weniger, je mehr man darauf ausgeht; denn sie hängt von der Meinung anderer ab, weshalb man sie sich nicht nehmen kann, sondern sie von den andern verdienen und abwarten muß. Hohe Ämter erfordern ein ihrer Ausübung angemessenes Ansehen, ohne welches sie nicht würdig verwaltet werden können; daher erhalte man ihnen die Ehre, die nötig ist, um seiner Pflicht nachkommen zu können: man dringe nicht auf Ehrerbietung, wohl aber befördere man sie. Wer mit seinem Amte viel Aufhebens macht, verrät, daß er es nicht verdient hat und die Würde für seine Schultern zu viel ist. Wenn man je sich geltend machen will, so sei es eher durch das Ausgezeichnete seiner Talente als durch zufällige Äußerlichkeiten. Selbst einen König soll man mehr wegen seiner persönlichen Eigenschaften ehren als wegen seiner äußerlichen Herrschaft.

107

Keine Selbstzufriedenheit zeigen. Man sei weder unzufrieden mit sich selbst — denn das wäre Kleinmut — noch selbstzufrieden — denn das wäre Dummheit. Die Selbstzufriedenheit entsteht meist aus Unwissenheit und wird zu einer Glückseligkeit des Unverstandes, die zwar nicht ohne Annehmlichkeit sein mag, jedoch unserm Ruf und Ansehen nicht förderlich ist. Weil man die unendlich höheren Vollkommenheiten anderer nicht einzusehen imstande ist, wird man durch irgendein gemeines und mittelmäßiges Talent in sich höchlich befriedigt. Mißtrauen ist stets klug und überdies auch nützlich, entweder um den üblen Ausgang der Sachen vorzubeugen, oder um sich, wenn er da ist, zu trösten; da ein Unglück den nicht überrascht, der es schon fürchtete. Auch Homer schläft zuzeiten, und Alexander fiel von seiner Höhe und aus seiner Täuschung. Die Dinge hängen von gar vielerlei Umständen ab, und was an einer Stelle und bei einer Gelegenheit einen Triumph feierte, wurde bei einer andern Gelegenheit zuschande. Inzwischen besteht die unheilbare Dummheit darin, daß die leerste Selbstzufriedenheit zu voller Blüte aufgegangen ist und mit ihrem Samen immer weiter wuchert.

108

Sich gut zu gesellen verstehen, ist der kürzeste Weg, ein ganzer Mann zu werden. Der Umgang ist von eingreifender Wirkung: Sitten und Geschmack teilen sich mit; die Sinnesart, ja sogar den Geist nimmt man an, ohne es zu merken. Deswegen suche der Rasche sich dem Überlegten beizugesellen, und ebenso in den übrigen Sinnesarten, woraus, ohne Gewaltsamkeit, eine gemäßigte Stimmung hervorgehen wird. Es ist sehr geschickt, sich nach dem andern stimmen zu können. Das Wechselspiel der Gegensätze verschönert, ja erhält die Welt, und was in der physischen Harmonie herbeiführt, wird es noch mehr in der moralischen. Man beobachte diese kluge Rücksicht bei der Wahl seiner Freunde und Diener: denn durch die Verbindung der Gegensätze wird man einen sehr gescheiten Mittelweg treffen.

109

Kein Ankläger sein. Es gibt Menschen von finsterer Gemütsart, die alles zum Verbrechen stempeln, nicht von Leidenschaft, sondern von einem natürlichen Hange getrieben. Sie sprechen über alle ihr Verdammungsurteil aus, über jene für das, was sie getan haben, über diese für das, was sie tun werden. Es zeugt von einem grausamen, ja niederträchtigen Sinn; und sie klagen mit einer solchen Übertreibung an, daß sie aus Splittern Balken machen, die Augen damit auszustoßen. Überall sind sie Zuchtmeister, die ein Elysium in eine Galeere umwandeln möchten. Kommt gar noch Leidenschaft hinzu, so treiben sie alles aufs äußerste. Im Gegenteil weiß ein edles Gemüt für alles eine Entschuldigung zu finden, wenn nicht ausdrücklich, durch Nichtbeachtung.

110

Nicht abwarten, daß man eine untergehende Sonne sei. Es ist eine Regel der Klugen, die Dinge zu verlassen, ehe sie uns verlassen. Man wisse, selbst aus seinem Ende sich einen Triumph zu bereiten. Sogar die Sonne zieht sich oft, noch bei hellem Scheine, hinter eine Wolke zurück, damit man sie nicht versinken sehe und ungewiß bleibe, ob sie untergegangen sei oder nicht. Man entziehe sich zeitig den Unfällen, um nicht vor Beschämung vergehen zu müssen. Laßt uns nicht abwarten, daß die Welt uns den Rücken kehre und uns, noch im Gefühl lebendig, aber in der Hochachtung gestorben, zu Grabe trage. Der Kluge versetzt seinen Wettrenner beizeiten in den Ruhestand und wartet nicht ab, daß er, mitten auf der Rennbahn niederstürzend, Gelächter errege. Eine Schöne zerbreche schlau beizeiten ihren Spiegel, um es nicht später aus Ungeduld zu tun, wenn er sie aus ihrer Täuschung gerissen hat.

111

Freunde haben: es ist ein zweites Dasein. Jeder Freund ist gut und weise für den Freund, und unter ihnen geht alles gut ab. Ein jeder gilt soviel, als die andern wollen; damit sie aber wollen, muß man ihr Herz und dadurch ihre Zunge gewinnen. Kein Zauber ist mächtiger als erzeigte Gefälligkeit, und um Freunde zu erwerben, ist das beste Mittel, sich welche zu machen. Das Meiste und Beste, was wir haben, hängt von andern ab. Wir müssen entweder unter Freunden oder unter Feinden leben. Jeden Tag suche man einen zu erwerben, nicht gleich zum genauen, aber doch zum wohlwollenden Freunde; einige werden nachher, nachdem sie eine prüfende Wahl bestanden haben, als Vertraute zurückbleiben.

112

Sich Liebe und Wohlwollen erwerben: denn sogar die erste und oberste Ursache läßt solche in ihre hohen Absichten eingehen und ordnet sie an. Mittels des Wohlwollens erlangt man die günstige Meinung. Einige verlassen sich so sehr auf ihren Wert, daß sie die Erwerbung der Gunst verschmähen. Allein der Erfahrene weiß, daß der Weg der Verdienste allein, ohne Hilfe der Gunst, ein gar sehr langer ist. Alles erleichtert und ergänzt das Wohlwollen; nicht immer setzt es die guten Eigenschaften, wie Mut, Redlichkeit, Gelehrsamkeit, sogar Klugheit, voraus; nein, es nimmt sie ohne weiteres als vorhanden an. Hingegen die garstigen Fehler sieht es nie, weil es sie nicht sehen will. Es entsteht aus der Übereinstimmung, und zwar gewöhnlich aus der materiellen, dergleichen die der Sinnesart, der Nation, der Verwandtschaft, des Vaterlandes und des Amtes ist; die formelle ist höherer Art, sie ist die der Talente, der Verbindlichkeiten, des Ruhms, der Verdienste. Die ganze Schwierigkeit besteht im Erwerben des Wohlwollens; es zu erhalten ist leicht. Es läßt sich aber erlangen, und man wisse es zu nutzen.

113

Im Glück aufs Unglück bedacht sein. Es ist eine gute Vorsorge, für den Winter im Sommer und mit mehr Bequemlichkeit den Vorrat zu sammeln. Zur Zeit des Glückes ist die Gunst wohlfeil und Überfluß an Freundschaften. Es ist gut, sie zu bewahren für die Zeit des Mißgeschicks, als welche eine sehr teure und von allem entblößte ist. Man erhalte sich daher einen Vorrat von Freunden und Verpflichteten; denn einst wird man hoch schätzen, was man jetzt nicht achtet. Gemeine Seelen haben im Glück keine Freunde, und weil sie jetzt solche nicht kennen, werden diese dereinst im Unglück sie nicht kennen.

114

Nie ein Mitbewerber sein. Jeder Anspruch, dem andere sich entgegenstellen, schadet dem Ansehen: die Mitbewerber streben sogleich, uns zu verunglimpfen, um uns zu verdunkeln. Wenige Menschen führen auf eine redliche Art Krieg. Die Nebenbuhler decken die Fehler auf, welche die Nachsicht vergessen hatte. Viele standen in Ansehen, so lange sie keine Nebenbuhler hatten. Die Hitze des Wettstreits ruft längst abgestorbenen Schimpf ins Leben zurück und gräbt die ältesten Stänkereien wieder aus der Erde. Die Mitbewerbung hebt an mit einem Manifest von Verunglimpfungen und nimmt nicht, was sie darf, sondern was sie kann zu Hilfe. Und wenngleich oft, ja meistens die Waffen der Herabsetzung nicht zum Zwecke führen, so suchen wenigstens durch solche die Gegner die niedrige Befriedigung der Rache und schütteln sie dermaßen in der Luft, daß von beschämenden Unfällen der Staub der Vergessenheit herabfliegt. Stets waren die Wohlwollenden friedlich und die Leute von Ruf und Ansehen wohlwollend.

115

Sich an die Charakterfehler seiner Bekannten gewöhnen, eben wie an häßliche Gesichter. Es ist unerläßlich, wo Verpflichtungen uns an sie knüpfen. Es gibt erschreckliche Charaktere, mit denen man nicht leben kann; jedoch ohne sie nun auch nicht. Dann ist es geschickt, sich an sie, wie an häßliche Gesichter, allmählich zu gewöhnen, damit man nicht, bei irgendeiner fürchterlichen Gelegenheit, ganz aus der Fassung gerate. Das erste Mal erregen sie Entsetzen; nach und nach verlieren sie an Scheußlichkeit, und die Überlegung weiß Unannehmlichkeiten vorzubeugen oder sie zu ertragen.

116

Sich nur mit Leuten von Ehr- und Pflichtgefühl abgeben. Mit solchen kann man gegenseitige Verpflichtungen eingehen. Ihre eigene Ehre ist der beste Bürge für ihr Benehmen, sogar bei Mißhelligkeiten; denn sie handeln stets mit Rücksicht auf ihre Würde, daher Streit mit rechtlichen Leuten besser ist, als Sieg über unrechtliche. Mit den Verworfenen gibt es keinen sichern Umgang, weil sie keine Verpflichtungen zur Rechtlichkeit fühlen; daher gibt es unter solchen auch keine wahre Freundschaft, und ihre Freundschaftsbezeugungen sind nicht echt, wenn sie es gleich scheinen, weil kein Ehrgefühl sie bekräftigt; Leute, denen es fehlt, halte man immer von sich ab; denn wer die Ehre nicht hochhält, hält auch die Tugend nicht hoch, indem die Ehre der Thron der Rechtlichkeit ist.

117

Nie von sich reden. Entweder man lobt sich, welches Eitelkeit, oder man tadelt sich, welches Kleinheit ist, und wie es im Sprecher Unklugheit verrät, so ist es für den Hörer eine Pein. Wenn nun dies schon im gewöhnlichen Umgang zu vermeiden ist, wie viel mehr auf einem hohen Posten, wo man zur Versammlung redet, und wo der leichteste Schein von Unverstand schon für diesen selbst gilt. Der gleiche Verstoß gegen die Klugheit liegt im Reden von Anwesenden; wegen der Gefahr auf eine von zwei Klippen zu stoßen: Schmeichelei oder Tadel.

118

Den Ruf der Höflichkeit erwerben, denn er ist hinreichend, um beliebt zu sein. Die Höflichkeit ist ein Hauptteil der Bildung und ist eine Art Hexerei, welche die Gunst aller erobert, wie im Gegenteil Unhöflichkeit allgemeine Verachtung und Widerwillen erregt; wenn aus Stolz entspringend, ist sie abscheulich, wenn aus Grobheit, verächtlich. Die Höflichkeit sei stets eher zu groß als zu klein, jedoch nicht gleich gegen alle, wodurch sie zur Ungerechtigkeit würde. Zwischen Feinden ist sie Schuldigkeit, damit man seinen Wert offenbare. Sie kostet wenig und hilft viel; jeder Verehrer ist geehrt. Höflichkeit und Ehre haben vor andern Dingen dies voraus, daß sie bei dem, der sie erzeigt, bleiben.

119

Sich nicht verhaßt machen. Man rufe nicht den Widerwillen hervor, auch ungesucht kommt er gar bald von selbst. Viele verabscheuen aus freien Stücken, ohne zu wissen wofür oder warum. Ihr Übelwollen kommt selbst unsrer Zuvorkommenheit zuvor. Die Gehässigkeit unsrer Natur ist tätiger und rascher zu fremdem Schaden als die Begehrlichkeit derselben zum eigenen Vorteil. Einige gefallen sich darin, mit allen auf schlechtem Fuß zu stehen, weil sie Überdruß empfinden oder erregen. Hat einmal der Haß Wurzel gefaßt, so ist er, wie der schlechte Ruf, schwer auszurotten. Leute von großem Verstande werden gefürchtet, die mit böser Zunge werden verabscheut, die Anmaßenden sind zum Ekel, die Spötter ein Greuel, die Sonderlinge läßt man stehen. Demnach bezeuge man Hochachtung, um welche zu ernten, und denke, daß geschätzt sein ein Schatz ist.

120

Sich in die Zeiten schicken. Sogar das Wissen muß nach der Mode sein, und da, wo es nicht Mode ist, besteht es gerade darin, daß man den Unwissenden spielt. Denkungsart und Geschmack ändern sich nach den Zeiten. Man denke nicht altmodisch und habe einen modernen Geschmack. In jeder Gattung hat der Geschmack der Mehrzahl eine geltende Stimme; man muß ihm also für jetzt folgen und ihn zu höherer Vollkommenheit weiterzubringen suchen. Der Kluge passe sich, im Schmuck des Geistes wie des Leibes, der Gegenwart an, wenngleich ihm die Vergangenheit besser schiene. Bloß von der Güte des Herzens gilt diese Lebensregel nicht; denn zu jeder Zeit soll man die Tugend üben. Man will heutzutage nicht von ihr wissen; die Wahrheit reden, oder sein Wort halten, scheinen Dinge aus einer andern Zeit; so scheinen auch die guten Leute noch aus der guten Zeit zu sein, sind aber doch noch geliebt. Inzwischen, wenn es noch welche gibt, so sind sie nicht in der Mode und werden nicht nachgeahmt. O unglückseliges Jahrhundert, wo die Tugend fremd, die Schlechtigkeit an der Tagesordnung ist! — Der Kluge lebe, wie er kann, wenn nicht, wie er wünschen möchte, und halte, was ihm das Schicksal zugestand, für mehr wert, als was es ihm versagte.

121

Nicht eine Angelegenheit aus dem machen, was keine ist. Wie manche aus allem eine Klatscherei machen, so andere aus allem eine Angelegenheit. Immer sprechen sie mit Wichtigkeit, alles nehmen sie ernstlich und machen eine Streitigkeit oder eine geheimnisvolle Sache daraus. Verdrießlicher Dinge darf man sich nur selten ernstlich annehmen, denn sonst würde man sich zur Unzeit in Verwicklungen bringen. Es ist sehr verkehrt, wenn man sich das zu Herzen nimmt, was man in den Wind schlagen sollte. Viele Sachen, die wirklich etwas waren, wurden zu nichts, weil man sie ruhen ließ; aus andern, die eigentlich nichts waren, wurde viel, weil man sich ihrer annahm. Anfangs läßt sich alles leicht beseitigen, späterhin nicht. Oft bringt die Arznei die Krankheit erst hervor. Und nicht die schlechteste Lebensregel ist: ruhen lassen.

122

Im Reden und Tun etwas Imponierendes haben. Dadurch setzt man sich allerorts bald in Ansehen und hat die Achtung vorweg gewonnen. Es zeigt sich in allem, im Umgange, im Reden, im Blick, in den Neigungen, sogar im Gange. Wahrlich, ein großer Sieg, sich der Herzen zu bemeistern. Es entsteht nicht aus einer dummen Dreistigkeit, noch aus einem übellaunigen Wesen bei der Unterhaltung; sondern es beruht auf einer wohlgeziemenden Autorität, die aus natürlicher, von Verdiensten unterstützter Überlegenheit hervorgeht.

123

Ohne Affektation sein. Je mehr Talente man hat, desto weniger affektiere man sie, denn solches ist die gemeinste Verunstaltung derselben. Die Affektation ist den andern so widerlich, wie dem, der sie treibt, peinlich; denn er ist ein Märtyrer der darauf zu verwendenden Sorgfalt und quält sich mit pünktlicher Aufmerksamkeit ab. Die ausgezeichnetsten Eigenschaften büßen durch Affektation ihr Verdienst ein, weil sie jetzt mehr durch Kunst erzwungen, als aus der Natur hervorgegangen scheinen; und überall gefällt das Natürliche mehr als das Künstliche. Immer hält man dafür, daß dem Affektierenden die Vorzüge, welche er affektiert, fremd sind. Je besser man eine Sache macht, desto mehr muß man die darauf verwandte Mühe verbergen, um diese Vollkommenheit als etwas ganz aus unserer Natur Entspringendes erscheinen zu lassen. Auch soll man nicht etwa aus Furcht vor der Affektation gerade in diese geraten, indem man das Unaffektiertsein affektiert. Der Kluge wird nie seine eigenen Vorzüge zu kennen scheinen, denn gerade dadurch, daß er sie nicht beachtet, werden andere darauf aufmerksam. Doppelt groß ist der, welcher alle Vollkommenheiten in sich, aber keine in seiner eigenen Meinung hat; er gelangt auf einem entgegengesetzten Pfade zum Ziel des Beifalls.

124

Es dahin bringen, daß man zurückgewünscht wird. Eine so große Gunst bei den Leuten erwerben wenige, und wenn gar noch bei den gescheiten Leuten, so ist es ein großes Glück. Gegen die Abtretenden ist Lauheit gewöhnlich. Jedoch gibt es Wege, sich jenen Lohn der allgemeinen Liebe zu erwerben: ein ganz sicherer ist, daß man in seinem Amte und durch seine Talente ausgezeichnet sei, auch das Einnehmende im Betragen tut viel; durch dies alles macht man seine Vorzüge unentbehrlich, so daß es merklich wird, daß das Amt unsrer bedurfte, nicht wir des Amtes. Einigen macht ihr Posten Ehre; andere ihm. Das aber ist kein Ruhm, wenn ein schlechter Nachfolger uns vortrefflich macht; das heißt nicht, daß wir schlechthin zurückgewünscht werden, sondern nur, daß er verabscheut wird.

125

Kein Sündenregister sein. Sich anderer Schande angelegen sein lassen, ist ein Zeichen, daß man selbst schon keinen fleckenlosen Ruf mehr hat. Einige möchten mit den fremden Flecken die ihrigen zudecken oder gar abwaschen oder sie suchen einen Trost darin, der aber ein Trost für den Unverstand ist. Einen übelriechenden Atem haben die, welche die Kloake des Schmutzes der ganzen Stadt sind. Wer in Dingen dieser Art am meisten wühlt, wird sich am meisten besudeln. Wenige werden ohne irgendeinen eigentümlichen Fehler sein, er liege nun hier oder dort: aber die Fehler wenig bekannter Leute sind nicht bekannt. Der Aufmerksame hüte sich, ein Sündenregister zu werden: denn das heißt ein verabscheuter Patron sein, herzlos, wenn auch lebendig.

126

Dumm ist nicht, wer eine Dummheit begeht; sondern wer sie nachher nicht zu bedecken versteht. Seine Neigungen soll man unter Siegel halten; wieviel mehr seine Fehler. Alle Menschen begehen Fehltritte, jedoch mit dem Unterschiede, daß die Klugen die begangenen verhehlen, die Dummen aber die, welche sie erst begehen wollen, schon zum voraus lügen. Unser Ansehen beruht auf dem Geheimhalten, mehr als auf dem Tun: nisi caste, tamen caute. Die Verirrungen großer Männer sind anzusehen wie die Verfinsterungen der großen Weltlichter. Sogar in der Freundschaft sei es eine Ausnahme, daß man seine Fehler dem Freunde anvertraut; ja, sich selber sollte man sie, wenn es sein könnte, verbergen; doch kann man sich hierbei mit jener andern Lebensregel helfen, welche heißt: vergessen können.

127

Edle, freie Unbefangenheit bei allem. Diese ist das Leben der Talente, der Atem der Rede, die Seele des Tuns, die Zierde der Zierden. Alle übrigen Vollkommenheiten sind der Schmuck unsrer Natur, sie aber ist der der Vollkommenheiten selbst. Sogar im Denken wird sie sichtbar. Sie am allermeisten ist Geschenk der Natur und dankt am wenigsten der Bildung, denn selbst über die Erziehung ist sie erhaben. Sie ist mehr als Leichtigkeit, sie geht bis zur Kühnheit; sie setzt Ungezwungenheit voraus und fügt Vollkommenheit hinzu. Ohne sie ist alle Schönheit tot, alle Grazie ungeschickt. Sie ist überschwenglich, geht über Tapferkeit, über Klugheit, über Vorsicht, ja über Majestät. Sie ist ein feiner Richtweg, die Geschäfte abzukürzen oder auf eine edle Art aus jeder Verwicklung zu kommen.

128

Hoher Sinn: eines der ersten Erfordernisse zu einem Helden, weil er für Größe jeder Art entflammt. Er verbessert den Geschmack, erweitert das Herz, steigert die Denkkraft, veredelt das Gemüt und erhöht das Gefühl der Würde. Bei wem auch immer er sich finden mag, erhebt er strebend das Haupt, und wenn auch bisweilen ein mißgünstiges Schicksal sein Streben vereitelt, so platzt er, um zu strahlen, und verbreitet sich über den Willen, da ihm das Können gewaltsam benommen ist. Großmut, Edelmut und jede heldenmäßige Eigenschaft erkennen in ihm ihre Quelle.

129

Nie sich beklagen. Das Klagen schadet stets unserm Ansehen. Es dient leichter, der Leidenschaftlichkeit anderer ein Beispiel der Verwegenheit an die Hand zu geben als uns den Trost des Mitleids zu verschaffen; denn dem Zuhörer zeigt es den Weg zu eben dem, worüber wir klagen, und die Kunde der ersten Beleidigung ist die Entschuldigung der zweiten. Einige geben durch ihre Klagen über erlittenes Unrecht zu neuem Anlaß, und indem sie Hilfe oder Trost suchen, erregen sie Schadenfreude und sogar Verachtung. Viel politischer ist es, die von dem einen erhaltenen Gunstbezeugungen dem andern zu rühmen, um ihn zu ähnlichen zu verpflichten; indem wir der Verbindlichkeiten erwähnen, welche wir gegen die Abwesenden fühlen, fordern wir die Anwesenden auf, sich ebensolche zu erwerben, und verkaufen dergestalt das Ansehen, in welchem wir bei dem einen stehen, dem andern. Nie also wird der Aufmerksame erlittene Unbilden oder eigene Fehler bekannt machen, wohl aber die Hochschätzung, deren er genießt; dadurch hält er seine Freunde fest und seine Feinde in Schranken.

130

Tun und sehen lassen. Die Dinge gelten nicht für das, was sie sind, sondern für das, was sie scheinen. Wert haben und ihn zu zeigen verstehen, heißt zweimal Wert haben. Was nicht gesehen wird, ist, als ob es nicht wäre. Das Recht selbst kann seine Achtung nicht erhalten, wenn es nicht auch als Recht erscheint. Viel größer ist die Zahl der Getäuschten als die der Einsichtigen. Der Betrug herrscht vor, und man beurteilt die Dinge von außen; viele aber sind weit verschieden von dem, was sie scheinen. Eine gute Außenseite ist die beste Empfehlung der inneren Vollkommenheit.

131

Adel des Gemüts. Es gibt eine Großherzigkeit der Seele, einen Edelmut des Geistes, dessen schöne Äußerungen den Charakter in das glänzendste Licht stellen. Dieser Adel des Gemüts ist nicht jedermanns Sache: er setzt Geistesgröße voraus. Seine erste Aufgabe ist, gut vom Feinde zu reden und noch besser an ihm zu handeln. Im größten Glanz erscheint er bei den Gelegenheiten zur Rache: Diese läßt er sich nicht etwa entgehen, sondern er verbessert sie sich, indem er, gerade wenn er recht siegreich ist, sie zu einer unerwarteten Großmut benutzt. Und dabei ist er doch politisch, ja sogar der Schmuck der Staatsklugheit; nie affektiert er Siege, weil er nichts affektiert; erlangt solche jedoch sein Verdienst, so verhehlt sie sein Edelmut.

132

Zweimal überlegen. An Revision appellieren gibt Sicherheit; zumal wenn man mit der Sache nicht ganz im klaren ist, gewinne man Zeit, um entweder einzuwilligen oder sich zu verbessern. Es bieten sich neue Gründe dar, die Beschlüsse zu bekräftigen und zu bestätigen. Handelt sich's um Geben, so wird die Gewißheit, daß die Gabe mit Überlegung verliehen sei, sie werter machen als die Freude über die Schnelligkeit, und das lang Ersehnte wird immer am höchsten geschätzt. Muß man hingegen verweigern, so gewinnt man Zeit für die Art und Weise, wie auch um das Nein zur Reife zu bringen, so daß es weniger herb schmeckt; wozu noch kommt, daß, wenn die erste Hitze des Begehrens vorüber ist, nachher, bei kaltem Blut, das Zurücksetzende einer Weigerung weniger empfunden wird. Dem aber, der plötzlich und eilig bittet, soll man spät bewilligen; denn jenes ist eine List, die Aufmerksamkeit zu umgehen.

133

Besser mit allen ein Narr als allein gescheit, sagen politische Köpfe. Denn, wenn alle es sind, steht man hinter keinem zurück, und ist der Gescheite allein, wird er für den Narren gelten. So wichtig ist es, dem Strom zu folgen. Bisweilen besteht das größte Wissen im Nichtwissen oder in der Affektation desselben. Man muß mit den übrigen leben, und die Unwissenden sind in der Mehrzahl. Um allein zu leben, muß man sehr einem Gotte oder ganz einem Tiere ähnlich sein. Doch möchte ich den Aphorismus ummodeln und sagen: besser mit den übrigen gescheit als allein ein Narr; denn einige suchen Originalität in Schimären.

134

Die Erfordernisse des Lebens doppelt besitzen, dadurch verdoppelt man sein Dasein. Man muß nicht von einer Sache abhängig, noch auf eine beschränkt sein, so außerordentlich sie auch sein möchte. Alles muß man doppelt haben, besonders die Ursachen des Fortkommens, der Gunst, des Genusses. Die Wandelbarkeit des Mondes ist überschwenglich, und sie ist die Grenze alles Bestehenden, zumal aber der Dinge, die vom menschlichen Willen abhängen, der ein gar gebrechlich Ding ist. Gegen diese Gebrechlichkeit schütze man sich durch etwas im Vorrat und mache es zu einer Hauptlebensregel, die Veranlassungen des Guten und Bequemen doppelt zu haben.

Wie die Natur die wichtigsten und ausgesetztesten Glieder uns doppelt verlieh, so mache die Kunst es mit dem, wovon wir abhängen.

135

Keinen Widerspruchsgeist hegen, denn er ist dumm und widerlich; man rufe seine ganze Klugheit dagegen auf. Wohl zeugt es bisweilen von Scharfsinn, daß man bei allem Schwierigkeiten entdeckt; allein der Eigensinn hiebei entgeht nicht dem Vorwurf des Unverstandes. Solche Leute machen aus der sanften, angenehmen Unterhaltung einen kleinen Krieg und sind so mehr die Feinde ihrer Vertrauten, als derer, die nicht mit ihnen umgehen. Im wohlschmeckendsten Bissen fühlt man am meisten die Gräte, die ihn durchbohrt, und so ist der Widerspruch zur Zeit der Erholung. Solche Leute sind unverständig, verderblich, ein Verein des wilden mit dem dummen Tier.

136

Sich in den Materien festsetzen und den Geschäften sogleich den Puls fühlen. Viele verirren sich in den Verzweigungen eines unnützen Überlegens oder auf dem Laubwerk einer ermüdenden Redseligkeit, ohne auf das Wesen der Sache zu treffen; sie gehen hundertmal um einen Punkt herum, ermüden sich und andere, kommen jedoch nie auf die eigentliche Hauptsache. Dies entsteht aus einem verworrenen Begriffsvermögen, welches sich nicht herauszuwickeln fähig ist. Sie verderben Zeit und Geduld mit dem, was sie sollten liegen lassen, und beide fehlen ihnen nachher für das, was sie liegen gelassen haben.

137

Der Weise sei sich selbst genug. Jener,* der sich selbst alles in allem war, hatte, als er sich selbst davon trug, all das Seinige bei sich. Wenn ein universeller Freund Rom und die ganze übrige Welt zu sein vermag, so sei man sich selbst

* Diogenes.

dieser Freund, und dann wird man allein zu leben imstande sein. Wen wird ein solcher Mann vermissen, wenn es keinen größeren Verstand und keinen richtigeren Geschmack als den seinigen gibt? Dann wird er bloß von sich abhängen, und es ist die höchste Seligkeit, dem höchsten Wesen zu gleichen. Wer so allein zu leben vermag, wird in nichts dem Tiere, in vielem dem Weisen und in allem Gott ähnlich sein. (Vergl. Nr. 133.)

138

Kunst, die Dinge ruhen zu lassen, und um so mehr, je wütender die Wellen des öffentlichen oder häuslichen Lebens toben. Im Treiben des menschlichen Lebens gibt es Strudel und Stürme der Leidenschaften; dann ist es klug, sich in den sicheren Hafen der Furt zurückzuziehen. Oft verschlimmern die Mittel das Übel; darum lasse man hier dem Physischen, dort dem Moralischen seinen freien Lauf. Der Arzt braucht gleich viel Wissenschaft zum Nichtverschreiben wie zum Verschreiben, und oft besteht die Kunst gerade in Nichtanwendung der Mittel. Die Strudel im großen Haufen zu beruhigen, sei der Weg, daß man die Hand zurückziehe und sie von selbst sich legen lasse. Ein zeitiges Nachgeben für jetzt sichert den Sieg in der Folge. Eine Quelle wird durch eine kleine Störung getrübt und wird nicht, indem man dazutut, wieder helle, sondern indem man sie sich selber überläßt. Gegen Zwiespalt und Verwirrung ist das beste Mittel, sie ihren Lauf nehmen zu lassen: denn so beruhigen sie sich von selbst.

139

Die Unglückstage kennen, denn es gibt dergleichen; an solchen geht nichts gut, und ändert sich auch das Spiel, doch nicht das Mißgeschick. Auf zwei Würfen muß man die Probe gemacht haben und sich zurückziehen, je nachdem man merkt, ob man seinen Tag hat oder nicht. Alles, sogar der Verstand, ist dem Wechsel unterworfen, und keiner ist zu jeder Stunde klug; es gehört Glück dazu, richtig zu denken wie eben auch einen Brief gut abzufassen. Alle Vollkommenheiten hängen von Zeitperioden ab; die Schönheit hat nicht immer ihren Tag, die Klugheit versagt ihren Dienst, indem wir den Sachen bald zu wenig, bald zu viel tun; und alles muß, um gut auszufallen, seinen Tag haben. Ebenso gelingt auch einigen alles schlecht, andern alles gut und mit geringerer Anstrengung. Diese finden alles schon gemacht, der Geist ist aufgelegt, das Gemüt in der besten Stimmung, und der Glücksstern leuchtet. Dann muß man seinen Vorteil wahrnehmen und auch nicht das geringste davon verloren gehen lassen. Jedoch wird der Mann von Überlegung nicht wegen eines Unfalls den Tag entschieden für schlecht oder im umgekehrten Fall für gut erklären; denn jenes konnte ein kleiner Verdruß, dieses ein glücklicher Zufall sein.

140

Gleich auf das Gute in jeder Sache treffen. Es ist das Glück des guten Geschmacks. Die Biene geht gleich zur Süßigkeit für ihre Honigscheibe und die Schlange zur Bitterkeit für ihr Gift. So wendet auch der Geschmack einiger sich gleich dem Guten, der anderer dem Schlechten entgegen. Es gibt nichts, woran nicht etwas Gutes wäre, zumal ein Buch, als ein Werk der Überlegung. Allein manche sind von einer so unglücklichen Sinnesart, daß sie unter tausend Vollkommenheiten sogleich den einzigen Fehler herausfinden, der dabei wäre, diesen nun tadeln und davon viel reden, als wahre Aufsammler aller Auswürfe des Willens und des Verstandes anderer; so häufen sie Register von Fehlern auf, welches mehr eine Strafe ihrer schlechten Wahl als eine Beschäftigung ihres Scharfsinnes ist. Sie haben ein trauriges Leben davon, indem sie stets am Bittern zehren und Unvollkommenheiten ihre Leibspeise sind. Glücklicher ist der Geschmack anderer, welche unter tausend Fehlern gleich auf die einzige Vollkommenheit treffen, die ihnen aufstößt.

141

Nicht sich zuhören. Sich selber gefallen hilft wenig, wenn man andern nicht gefällt, und meistens straft die allgemeine Geringschätzung die selbsteigene Zufriedenheit. Wer sich selber so sehr genügt, wird es nie den andern. Reden und zugleich selbst zuhören wollen, geht nicht wohl; und wenn mit sich allein zu reden eine Narrheit ist, so ist es eine doppelte, sich noch vor andern zuhören zu wollen. Es ist eine Schwäche großer Herren, mit dem Grundbaß von „Ich sage etwas" zu reden, zur Marter der Zuhörer; bei jedem Satz horchen sie nach Beifall oder Schmeichelei und treiben die Geduld der Klugen aufs äußerste. Auch pflegen die Aufgeblasenen unter Begleitung eines Echos zu reden, und indem ihre Unterhaltung auf dem Kothurn des Dünkels einherschreitet, ruft sie bei jedem Worte die widerliche Hilfe eines dummen „Wohl gesprochen" auf.

142

Nie aus Eigensinn sich auf die schlechtere Seite stellen, weil der Gegner sich bereits auf die bessere gestellt hat. Denn sonst tritt man schon besiegt auf den Kampfplatz und wird daher notwendig mit Schimpf und Schande abziehen müssen. Mit schlechten Waffen wird man nie gut kämpfen. Im Gegner war es Schlauheit, daß er in der Erwählung des Bessern den Vorsprung gewann, im andern aber Dummheit, daß er, um sich ihm entgegenzustellen, jetzt das schlechtere ergriff. Dergleichen Eigensinn in Taten bringt tiefer in die Klemme als der in Worten, insofern mehr Gefahr beim Tun als beim Reden ist. Die Eigensinnigen zeigen ihre Gemeinheit darin, daß sie der Wahrheit zum Trotz streiten und ihrem eigenen Nutzen zum Trotz prozessieren. Der Kluge stellt sich nie auf die Seite der Leidenschaft, sondern immer auf die des Rechts, sei es, daß er gleich anfangs als der Erste dahin getreten, oder erst als der Zweite, indem er sich eines Besseren bedachte. Ist im letzteren Fall der Gegner dumm, so wird er, sich jetzt im obigen Fall befindend, nun seinen Weg ändern und auf die entgegengesetzte, folglich schlechtere Seite treten. Um ihn also vom Besseren wegzutreiben, ist das einzige Mittel, es selbst zu ergreifen; denn aus Dummheit wird er es fahren lassen, und durch diesen Eigensinn wird der andere seiner entledigt.

143

Nicht, aus Besorgnis trivial zu sein, paradox werden. Beide Extreme schaden unserem Ansehen. Jedes Unterfangen, welches der Gesetztheit zuwiderläuft, ist schon der Narrheit verwandt. Das Paradoxon ist gewissermaßen ein Betrug: indem es anfangs Beifall findet, weil es durch das Neue und Pikante überrascht; allein wenn nachher die Täuschung verschwindet und seine Blößen offenbar werden, nimmt es sich sehr übel aus. Es ist eine Art Gaukelei und in Staatsangelegenheiten der Ruin des Staats. Die, welche nicht auf dem Wege der Trefflichkeit es zu wahrhaft großen Leistungen bringen können, oder sich nicht daran wagen, legen sich auf das Paradoxe; von den Toren werden sie bewundert, aber viele kluge Leute werden an ihnen zu Propheten. Es beweist eine Verschrobenheit der Urteilskraft, und wenn es auch bisweilen nicht auf das Falsche sich gründet, dann doch auf das Ungewisse, zur großen Gefahr wichtiger Angelegenheiten.

144

Mit der fremden Angelegenheit auftreten, um mit der seinigen abzuziehen. Es ist ein schlaues Mittel zum Zweck: allein sogar in den Angelegenheiten des Himmels schärfen christliche Lehrer den Gebrauch dieser List ein. Es ist eine wichtige Verstellung; denn der vorgehaltene Vorteil dient als Lockspeise, den fremden Willen zu leiten; diesem scheint seine Angelegenheit betrieben zu werden, und doch ist sie nur da, fremdem Vorhaben den Weg zu öffnen. Man muß nie unüberlegt vorwärtsschreiten, am wenigsten, wo der Grund gefährlich ist. Ferner auch bei Leuten, deren erstes Wort Nein zu sein pflegt, ist es rätlich, diesem Schuß auszubeugen und ihnen die Schwierigkeit des verlangten Zugeständnisses zu verbergen; noch viel mehr aber, wo sie gar die Umgestaltung schon ahnen könnten. — Dieser Rat gehört zu denen der „zweiten Absicht“ (Nr. 13), welche sämtlich von der äußersten Feinheit sind.

145

Nicht den schlimmen Finger zeigen, sonst trifft alles dahin; nicht über ihn klagen: immer klopft die Bosheit dahin, wo es der Schwäche wehe tut. Sich zu erzürnen, würde zu nichts dienen, als den Spaß der Unterhaltung zu erhöhen. Die böse Absichtlichkeit schleicht umher, nach Gebrechen suchend, die sie aufdecken könnte; sie schlägt mit Ruten, die Empfindung zu prüfen, und wird den Versuch tausendmal wiederholen, bis sie die wunde Stelle gefunden hat. Der Aufmerksame zeige nie, daß er getroffen sei, und decke sein persönliches oder erbliches Übel niemals auf. Denn sogar das Schicksal selbst findet zuweilen Gefallen daran, uns gerade da zu betrüben, wo es am meisten wehe tut. Stets treffen seine Schläge auf die wunde Stelle; daher offenbare man weder, was schmerzt, noch was erfreut, damit das eine ende, das andere verharre.

146

Ins Innere schauen. Man findet meistenteils die Dinge weit verschieden von dem, was sie schienen; und die Unwissenheit, welche nicht tiefer als die Rinde eingedrungen war, sieht, wenn man zum Innern gelangt, ihre Täuschung schwinden. In allem geht stets die Lüge voran, die Dummköpfe hinter sich ziehend am Seil ihrer unheilbaren Gemeinheit; die Wahrheit aber kommt immer zuletzt, langsam heranhinkend am Arm der Zeit. Für sie bewahren daher die Klugen die andere Hälfte jener Fähigkeit auf, deren Werkzeug unsere gemeinsame Mutter uns weislich doppelt verliehen hat. Der Trug ist etwas sehr Oberflächliches; daher treffen, die selbst oberflächlich sind, gleich auf ihn. Das Wahre und Richtige aber lebt tief zurückgezogen und verborgen; um desto höher geschätzt zu werden von seinen Weisen und Klugen.

147

Nicht unzugänglich sein. Keiner ist so vollkommen, daß er nicht zuzeiten fremder Erinnerung bedürfte; von unheilbarem Unverstand ist, wer niemanden anhören will. Sogar der Überlegenste soll freundschaftlichem Rate Raum geben, und selbst die königliche Macht darf nicht die Lenksamkeit ausschließen. Es gibt Leute, die rettungslos sind, weil sie sich allem verschließen, sie stürzen sich ins Verderben, weil keiner sich heranwagt, sie zurückzuhalten. Auch der Vorzüglichste soll der Freundschaft eine Türe offen halten, und sie wird die der Hilfe werden. Ein Freund muß Freiheit haben, ohne Zurückhaltung zu raten, ja zu tadeln. Diese Autorität muß ihm unsere Zufriedenheit und unsere hohe Meinung von seiner Treue und Verständigkeit erworben haben. Nicht allen soll man leicht Berücksichtigung oder auch nur Glauben schenken; aber im geheimen Innern seiner Vorsorge habe man einen treuen Spiegel an einem Vertrauten, dem man Zurechtweisung und Richtigstellung von Irrtümern verdanke und solche zu schätzen wisse.

148

Die Kunst der Unterhaltung besitzen — sie ist es, in der ein ganzer Mann sich produziert. Keine Beschäftigung im Leben erfordert größere Aufmerksamkeit; denn gerade weil sie die gewöhnlichste ist, wird man durch sie sich heben oder stürzen. Ist Behutsamkeit nötig, einen Brief zu schreiben, welches eine überlegte und schriftliche Unterhaltung ist, wie viel mehr bei der gewöhnlichen Unterhaltung, in welcher die Klugheit eine unvorbereitete Prüfung zu bestehen hat! Die Erfahrenen fühlen der Seele den Puls an der Zunge, und deshalb sagte der Weise*: „Sprich, damit ich dich sehe." Einige halten dafür, daß die Kunst der Unterhaltung gerade darin bestehe, daß sie kunstlos sei, indem sie locker und lose, wie die Kleidung, sein müsse. Von der Unterhaltung zwischen genauen Freunden gilt dies wohl; allein, wenn mit Leuten geführt, die Rücksicht verdienen, muß sie gehaltvoller sein, um eben vom Gehalt des Redenden Zeugnis zu geben. Um es recht zu treffen, muß man sich der Gemütsart und dem Verstande des Mitredenden anpassen. Auch affektiere man nicht, Worte zu kritisieren, sonst wird man für einen Grammatikus gehalten; noch weniger sei man der Fiskal der Gedanken, sonst werden alle uns ihren Umgang entziehen und die Mitteilung teuer feil haben. Im Reden ist Diskretion viel wichtiger als Beredsamkeit.

* Sokrates.

149

Das Schlimme andern aufzubürden verstehen. Einen Schild gegen das Mißwollen zu haben, ist eine große List der Regierenden. Sie entspringt nicht, wie Mißgünstige meinen, aus Unfähigkeit, vielmehr aus der höheren Absicht, jemanden zu haben, auf den der Tadel des Mißlingens und die Strafe allgemeiner Schmähungen zurückfalle. Alles kann nicht gut ablaufen, noch kann man alle zufriedenstellen; daher habe man, wenn auch auf Kosten seines Stolzes, so einen Sündenbock, so einen Ausbader unglücklicher Unternehmungen.

150

Seine Sachen herauszustreichen verstehen. Der innere Wert derselben reicht nicht aus, nicht alle dringen bis auf den Kern oder schauen ins Innere; vielmehr laufen die meisten dahin, wo schon ein Zusammenlauf ist, und gehen, weil sie andere gehen sehen. Ein großer Teil der Kunst besteht darin, seine Sache in Ansehen zu bringen, bald durch Anpreisen, denn Lob erregt Begierde, bald durch eine vortreffliche Benennung, welche einer hohen Meinung sehr förderlich ist; wobei jedoch alle Affektation zu vermeiden. Ferner ist ein allgemeines Anregungsmittel, sie bloß für die Einsichten zu bestimmen, da alle sich für solche halten, und wenn etwa nicht, dann der gefühlte Mangel den Wunsch erregen wird. Hingegen muß man nie seinen Gegenstand als leicht oder gewöhnlich empfehlen, wodurch er mehr herabgesetzt als erleichtert wird: nach dem Ungewöhnlichen haschen alle, weil es für den Geschmack wie für den Verstand anziehender ist.

151

Vorausdenken, von heute auf morgen und noch auf viele Tage. Die größte Vorsicht ist, daß man der Sorge und Überlegung besondere Stunden bestimme. Für den Behutsamen gibt es keine Unfälle und für den Aufmerksamen keine Gefahren. Man soll das Denken nicht aufschieben, bis man im Sumpfe bis an den Hals steckt, es muß zum voraus geschehen. Durch die wiederholte und gereifte Überlegung komme man überall dem äußersten Mißgeschick zuvor. Das Kopfkissen ist eine stumme Sibylle; und sein Beginnen vorher beschlafen ist besser, als nachmals darüber schlaflos liegen. Manche handeln erst und denken nachher, welches heißt, weniger auf die Folgen als auf die Entschuldigungen bedacht sein; andre denken weder vorher noch nachher. Das ganze Leben muß ein fortgesetztes Denken sein, damit man des rechten Weges nicht verfehle. Wiederholte Überlegungen und Vorsicht machen es möglich, unsern Lebenslauf zum voraus zu bestimmen.

152

Nie sich zu dem gesellen, durch den man in den Schatten gestellt wird, sei es dadurch, daß er über uns oder daß er unter uns stehe. Größere Vorzüge finden größere Verehrung; da wird der andere immer die Hauptrolle spielen, wir die zweite; bleibt für uns ja noch einige Wertschätzung, so ist es, was er übrig läßt. Der Mond glänzt, solange er bei den Sternen ist; kommt die Sonne, wird er unscheinbar oder unsichtbar. Nie also schließe man sich dem an, durch den man verdunkelt, sondern dem, durch den man herausgehoben wird. Durch dieses Mittel konnte die kluge Fabula beim Martial schön erscheinen und glänzen, wegen der Häßlichkeit und des schlechten Anzuges ihrer Begleiterinnen. Ebensowenig aber soll man durch einen schlechten Kumpan sich in Gefahr setzen und nicht auf Kosten seines eigenen Ansehens einem andern Ehre erzeigen. Ist man noch im Werden, so halte man sich zu den Ausgezeichneten, als gemachter Mann aber zu den Mittelmäßigen.

153

Man hüte sich einzutreten, wo eine große Lücke auszufüllen ist; tut man es jedoch, so sei man gewiß, den Vorgänger zu übertreffen, ihm nur gleichzukommen, erfordert schon doppelten Wert. Wie es fein ist, dafür zu sorgen, daß der Nachfolger uns zurückgesehnt mache, so ist es auch schlau, zu verhüten, daß der Vorgänger uns nicht verdunkle. Eine große Lücke auszufüllen, ist schwer, denn stets erscheint das Vergangene als das Bessere; und sogar dem Vorgänger gleich zu sein, ist nicht hinreichend, weil er schon den Erstbesitz voraus hat. Daher muß man noch Vorzüge hinzuzufügen haben, um den andern aus seinem Besitz der höheren Meinung herauszuwerfen.

154

Nicht leicht glauben und nicht leicht lieben. Die Reife des Geistes zeigt sich an der Langsamkeit im Glauben. Die Lüge ist sehr gewöhnlich; so sei der Glaube ungewöhnlich. Wer sich leicht hinreißen läßt, steht nachher beschämt. Inzwischen soll man seinen Zweifel an der Aussage des andern nicht zu erkennen geben, weil dies unhöflich, ja beleidigend wäre, indem man den Aussagenden dadurch zum Betrüger oder zum Betrogenen macht. Sogar aber ist dies noch nicht der größte Übelstand, sondern der, daß Ungläubigsein selbst einen Lügner verrät; denn ein solcher leidet an zwei Übeln: dem, nicht zu glauben, und dem, keinen Glauben zu finden. Die Zurückhaltung des Urteils ist immer klug im Hörer; der Sprecher aber berufe sich auf den, von dem er es hat. Eine verwandte Art der Unbedachtsamkeit ist das leichte Verleihen seiner Zuneigung; denn nicht nur mit Worten, sondern auch mit Werken wird gelogen, und die letztere Art des Betrugs ist viel gefährlicher.

155

Die Kunst, in Zorn zu geraten. Wenn es möglich ist, trete vernünftige Überlegung dem gemeinen Aufbrausen in den Weg, und dem Vernünftigen wird dies nicht schwer sein. Gerät man aber in Zorn, so sei der erste Schritt, zu bemerken, daß man sich erzürnt; dadurch tritt man gleich mit Herrschaft über den Affekt auf; jetzt messe man die Notwendigkeit ab, bis zu welchem Punkt des Zornes man zu gehen hat, und dann nicht weiter! Mit dieser überlegenen Schlauheit gelangt man in und wieder aus dem Zorn. Man verstehe gut und zu rechter Zeit einzuhalten, denn das Schwierigste beim Laufen ist das Stillestehen. Ein großer Beweis von Verstand ist es, klug zu bleiben bei den Anwandlungen der Narrheit. Jede übermäßige Leidenschaft ist eine Abweichung von unsrer vernünftigen Natur. Allein bei jener meisterhaften Aufmerksamkeit wird die Vernunft nie zu Falle kommen und nicht die Schranken der großen Obhut seiner selbst überschreiten. Um eine Leidenschaft zu bemeistern, muß man stets den Zaum der Aufmerksamkeit in der Hand behalten, dann wird man der erste „Kluge zu Pferde“* sein, wo nicht gar auch der letzte.

156

Die Freunde seiner Wahl, denn erst nachdem der Verstand sie geprüft und das wechselnde Glück sie erprobt hat, sollen sie es sein, erkoren nicht bloß durch die Neigung, sondern auch durch die Einsicht. Obgleich hierin es gut zu treffen, das Wichtigste im Leben ist, wird doch die wenigste Sorgfalt darauf verwendet. Einige Freunde führt ihre Zudringlichkeit, die meisten der Zufall uns zu. Und doch wird man nach seinen Freunden beurteilt; denn nie war Übereinstimmung zwischen dem Weisen und den Unwissenden. Inzwischen ist, daß man Geschmack an jemandem findet, noch kein Beweis genauer Freundschaft; es kann mehr von der Kurzweil an seiner Unterhaltung als aus dem Zutrauen zu seinen Fähigkeiten herrühren. Es gibt echte und unechte Freundschaften, diese zum Ergötzen, jene zur Fruchtbarkeit an vortrefflichen Gedanken und Taten. Wenige sind Freunde der Person, die meisten Freunde der Glücksumstände. Die tüchtige Einsicht eines Freundes nützt mehr als der gute Wille vieler anderer; daher verdanke man sie seiner Wahl, nicht dem Zufall. Ein Kluger weiß Verdrießlichkeiten zu vermeiden; aber ein dummer Freund schleppt sie ihm zu. Auch wünsche man seinen Freunden nicht zu großes Glück, wenn man sie behalten will.

157

Sich nicht in den Personen täuschen, welches die schlimmste und leichteste Täuschung ist. Besser man werde im Preise als in der Ware betrogen. Bei Menschen mehr als bei allem andern ist es nötig, ins Innere zu schauen. Sachen verstehen und Menschen kennen, sind zwei weit verschiedene Dinge.

* Spanisches Sprichwort: Keiner ist klug zu Pferde.

Es ist eine tiefe Philosophie, die Gemüter zu ergründen und die Charaktere zu unterscheiden. So sehr als die Bücher, ist es nötig, Menschen studiert zu haben.

158

Seine Freunde zu nutzen verstehen. Auch dabei hat die Klugheit ihre Kunst. Einige sind gut in der Ferne, andre in der Nähe. Mancher taugt nicht für die Unterredung, aber sehr für den Briefwechsel: die Entfernung nimmt einige Fehler hinweg, welche in der Nähe unerträglich waren. Nicht bloß Ergötzen, sondern auch Nutzen muß man aus seinem Freunde schöpfen; denn er muß die drei Eigenschaften besitzen, welche einige dem Guten, andere dem Dinge überhaupt beilegen: Einheit, Güte und Wahrheit.* Denn der Freund ist alles in allem. Wenige taugen zu guten Freunden, und daß man sie nicht zu wählen versteht, macht ihre Zahl noch kleiner. Sie sich erhalten ist mehr, als sie zu erwerben wissen. Man suche solche, welche es für die Dauer sein können; und sind sie auch anfangs neu, so beruhige man sich dabei, daß sie alt werden können. Durchaus die besten sind die von vielem Salz, wenn auch die Prüfung einen Scheffel kostet. Keine Einöde ist so traurig, als ohne Freunde zu sein. Die Freundschaft vermehrt das Gute und verteilt das Schlimme; sie ist das einzige Mittel gegen das Unglück und ist das Freiatmen der Seele.

159

Die Narren ertragen können. Stets sind die Weisen ungeduldig: wer sein Wissen vermehrt, vermehrt seine Ungeduld. Große Einsicht ist schwer zu befriedigen. Die erste Lebensregel ist nach Epiktet das Ertragenkönnen, worauf er die Hälfte der Weisheit zurückführt.** Müssen nun alle Arten von Narrheit ertragen werden, so wird es großer Geduld bedürfen. Oft haben wir am meisten von denen zu erdulden, von welchen wir am meisten abhängen: eine dienliche Übung der Selbstüberwindung.

* Quodlibet ens est unum, verum, bonum. Satz aus der scholastischen Philosophie.

** Ἀνέχεσθαι καὶ ἀπέχεσθαι = Ertragen und entsagen.

Aus der Geduld geht der unschätzbare Frieden hervor, welcher das Glück der Welt ist. Wer aber zum Dulden kein Gemüt hat, ziehe sich zurück in sich selbst, wenn er anders auch nur sich selbst wird ertragen können.

160

Aufmerksamkeit auf sich im Reden: wenn mit Nebenbuhlern, aus Vorsicht; wenn mit andern, des Anstands halber. Ein Wort nachzuschicken, ist immer Zeit, nie eins zurückzurufen. Man rede wie im Testament; je weniger Worte, desto weniger Streit. Beim Unwichtigen übe man sich für das Wichtigste. Das Geheimnisvolle hat einen gewissen göttlichen Anstrich. Wer im Sprechen leichtfertig ist, wird bald überwunden oder überführt sein.

161

Seine Lieblingsfehler kennen. Auch der vollkommenste Mensch wird dergleichen haben, und entweder ist er mit ihnen vermählt oder in geheimer Liebschaft. Oft liegen sie im Geiste, und je größer dieser ist, desto größer auch sie, oder auch desto auffallender. Nicht, daß der Inhaber sie nicht kennen sollte; sondern er liebt sie. Ein doppeltes Übel: leidenschaftliche Neigung, und für Fehler. Sie sind Schandflecke der Vollkommenheiten und andern so widerlich als ihm selbst wohlgefällig. Hier nun gilt es eine kühne Selbstüberwindung, um seine übrigen Vorzüge von solchem Makel zu befreien. Denn darauf stoßen alle; und wenn sie das übrige Gute, was sie bewundern, zu loben haben, halten sie bei diesem Anstoß still und schwärzen ihn möglichst an, zur Verunglimpfung der sonstigen Talente.

162

Über Nebenbuhler und Widersacher zu triumphieren verstehen. Sie zu verachten, reicht nicht aus, wiewohl es vernünftig ist; sondern Edelmut ist die Sache. Über jedes Lob erhaben ist, wer gut redet von dem, der von ihm schlecht redet. Keine heldenmütigere Rache gibt es als die durch Talente und Verdienste, welche die Neider besiegen und martern.

Jede neu erlangte Stufe des Glücks ist ein festeres Zuschnüren des Stranges am Halse des Mißgünstigen, und der Ruhm des Angefeindeten ist die Hölle des Nebenbuhlers; es ist die größte aller Strafen, denn aus dem Glück bereitet sie Gift. Nicht einmal stirbt der Neider, sondern so oft, als das Beifallsrufen dem Beneideten ertönt: die Unvergänglichkeit des Ruhmes des einen ist das Maß der Qual des andern; endlos lebt jener für die Ehre und dieser für die Pein. Die Posaune des Ruhmes verkündet jenem Unsterblichkeit, diesem Tod durch den Strang, wenn er nicht abwarten will, daß der Neid ihn verzehrt habe.

163

Nie aus Mitleid gegen den Unglücklichen sein Schicksal auch sich zuziehen. Was für den einen ein Mißgeschick, ist oft für den andern die glücklichste Begebenheit; denn keiner könnte beglückt sein, wenn nicht viele andere unglücklich wären. Es ist den Unglücklichen eigentümlich, daß sie leicht den guten Willen der Leute erlangen, indem diese durch ihre unnütze Kunst die Schläge des Schicksals ausgleichen möchten; und bisweilen sah man den, welcher auf dem Gipfel des Glücks allen verhaßt war, im Unglück von allen bemitleidet: die Rachgier gegen den Erhobenen hatte sich in Teilnahme für den Gefallenen verwandelt. Jedoch der Kluge merke auf, wie das Schicksal die Karten mischt. Leute gibt es, die man stets nur mit Unglücklichen gehen sieht, und der, den sie als einen Beglückten gestern flohen, steht heute als ein Unglücklicher an ihrer Seite. Das zeugt bisweilen von einem edlen Gemüt, jedoch nicht von Klugheit.

164

Einige Luftstreiche tun, um die Aufnahme, welche manche Dinge finden würden, vorläufig zu untersuchen, zumal solche, über deren Billigung oder Gelingen man Mißtrauen hegt. Man kann sich dadurch des guten Ausgangs vergewissern und behält immer Raum, entweder Ernst zu machen oder einzulenken. Man prüft auf diese Art die Neigungen, und der Aufmerksame lernt seinen Grund und Boden kennen; die wichtigste Vorkehr beim Bitten, beim Lieben und beim Regieren.

165

Ein redlicher Widersacher sein. Der Mann von Verstand kann genötigt werden, ein Widersacher, aber nicht ein nichtswürdiger Widersacher zu sein. Jeder muß handeln als der, welcher er ist, nicht als der, wozu sie ihn machen möchten. Der Edelsinn beim Kampf mit Nebenbuhlern erwirbt Beifall; man kämpfe so, daß man nicht bloß durch die Übermacht, sondern auch durch die Art zu verfahren siegreich sei. Ein niederträchtiger Sieg ist kein Ruhm, vielmehr eine Niederlage. Immer behält der Edelmut die Oberhand. Der rechtliche Mann gebraucht nie verbotene Waffen; dergleichen aber sind die der beendigten Freundschaft gegen den begonnenen Haß, da man nie das geschenkte Zutrauen zur Rache benutzen darf. Alles, was nach Verrat auch nur riecht, befleckt den guten Namen. In Leuten, die auf Achtung Anspruch haben, befremdet jede Spur von Niedrigkeit: Seelenadel und Verworfenheit müssen weit auseinander bleiben. Man setze seinen Ruhm darin, daß, wenn Edelsinn, Großmut und Treue sich aus der Welt verloren hätten, sie in unserer Brust noch wiederzufinden sein würden.

166

Den Mann von Worten von dem von Werken unterscheiden. Diese Unterscheidung erfordert die größte Genauigkeit, eben wie die der Freunde, der Personen und der Ämter; da alle diese Dinge große Verschiedenheiten haben. Weder gute Worte, noch schlechte Werke, ist schon schlimm, aber weder schlechte Worte, noch gute Werke, ist schlimmer. Worte kann man nicht essen, sie sind Wind; und von Artigkeiten kann man nicht leben, sie sind ein höflicher Betrug. Die Vögel mit dem Lichte fangen, ist das wahre Blenden. Die Eiteln lassen sich mit Wind abspeisen. Die Worte sollen das Unterpfand der Werke sein, und dann haben sie ihren Wert. Die Bäume, die keine Frucht, sondern nur Blätter tragen, pflegen ohne Mark zu sein; man muß sie kennen, die einen zum Nutzen, die andern zum Schatten.

167

Sich zu helfen wissen. In großen Gefahren gibt es keinen bessern Gefährten als ein wackeres Herz; und sollte es schwach werden, so müssen die benachbarten Teile ihm aushelfen. Die Mühseligkeiten verringern sich dem, der sich zu helfen weiß. Man muß nicht dem Schicksal die Waffen strecken, denn da würde es sich vollends unerträglich machen. Manche helfen sich gar wenig in ihren Widerwärtigkeiten, und verdoppeln sie, weil sie sie nicht zu tragen verstehen. Der, welcher sich schon kennt, kommt seiner Schwäche durch Überlegung zu Hilfe, und der Kluge besiegt alles, sogar das Gestirn.

168

Nicht zu einem Ungeheuer von Narrheit werden. Dergleichen sind alle Eitle, Anmaßliche, Eigensinnige, Kapriziöse, von ihrer Meinung nicht Abzubringende, Überspannte, Gesichterschneider, Possenreißer, Neuigkeitskrämer, Paradoxisten, Sektierer und verschrobene Köpfe jeder Art: sie sind alle Ungeheuer von Ungebührlichkeit. Aber jede Mißgestalt des Geistes ist häßlicher als die des Leibes, weil sie einer höheren Gattung von Schönheit widerstreitet. Allein, wer soll einer so großen und gänzlichen Verstimmung zu Hilfe kommen? Wo die große Obhut seiner selbst fehlt, ist keine Leitung mehr möglich, und an die Stelle eines nachdenkenden Bemerkens des fremden Spottes ist der falsche Dünkel eines eingebildeten Beifalls getreten.

169

Mehr darauf wachen, nicht einmal zu fehlen, als hundertmal zu treffen. Nach der strahlenden Sonne sieht keiner, aber alle sehen nach der verfinsterten. Die gemeine Kritik der Welt wird dir nicht, was dir gelungen, sondern was du verfehlt hast, nachrechnen. Die üble Nachrede trägt den Ruf der Schlechten weiter als der erlangte Beifall den der Guten. Viele kannte die Welt nicht eher, als bis sie sich vergangen hatten. Alle gelungenen Leistungen eines Mannes zusammengenommen sind nicht hinreichend, einen einzigen und kleinen Makel auszulöschen. Also komme jeder vom Irrtum hierüber zurück und wisse, daß alles, was er jemals schlecht gemacht, jedoch nichts von dem, was er gut gemacht, von den Übelwollenden angemerkt werden wird.

170

Bei allen Dingen stets etwas in Reserve haben. Dadurch sichert man seine Bedeutsamkeit. Nicht alle seine Fähigkeiten und Kräfte soll man sogleich und bei jeder Gelegenheit anwenden. Auch im Wissen muß es eine Arrieregarde geben, man verdoppelt dadurch seine Vollkommenheiten. Stets muß man etwas haben, wozu man bei der Gefahr eines schlechten Ausganges seine Zuflucht nehmen kann. Der Entsatz leistet mehr als der Angriff, weil er Wert und Ansehen hervorhebt. Der Kluge geht stets mit Sicherheit zu Werke, und auch in der hier betrachteten Rücksicht gilt jenes pikante Paradoxon: „Mehr ist die Hälfte als das Ganze.“*

171

Die Gunst nicht verbrauchen. Die großen Gönner sind für die großen Gelegenheiten. Ein großes Zutrauen soll man nicht zu kleinen Dingen in Anspruch nehmen, denn das hieße die Gunst vergeuden. Der heilige Anker bleibe stets für die äußerste Gefahr aufbewahrt. Wenn man zu geringen Zwekken das Große mißbraucht, was wird dann nachmals übrig bleiben? Keine Sache hat höheren Wert als ein Beschützer; und nichts ist heutzutage kostbarer als die Gunst: sie baut die Welt auf und zerstört sie; sogar Geist kann sie geben und nehmen. So günstig Natur und Ruhm den Weisen sind, so neidisch ist gegen sie gewöhnlich das Glück. Es ist wichtiger, sich die Gunst der Mächtigen zu erhalten, als Gut und Habe.

172

Sich nicht mit dem einlassen, der nichts zu verlieren hat. Denn dadurch geht man einen ungleichen Kampf ein. Der andere tritt sorglos auf, denn er hat sogar die Scham verloren, ist mit allem fertig geworden und hat weiter nichts zu

* Hesiodus.

verlieren. Daher wirft er sich zu jeder Ungebührlichkeit auf. So schrecklicher Gefahr darf man nie seinen unschätzbaren Ruf aussetzen, der so viele Jahre zu erwerben gekostet hat und jetzt in einem Augenblick verlorengehn kann, indem ein einziger schmählicher Unfall so vielen heißen Schweiß vergeblich machen würde. Der Mann von Pflicht und Ehrgefühl nimmt Anstand, weil er viel zu verlieren hat; er zieht sein Ansehen und dann das des anderen in Erwägung; nur mit Behutsamkeit läßt er sich ein und geht dann mit solcher Zurückhaltung zu Werke, daß die Vorsicht Raum behält, sich zu rechter Zeit zurückzuziehen und sein Ansehen in Sicherheit zu bringen. Denn nicht einmal durch einen glücklichen Ausgang würde er das gewinnen, was er schon dadurch verloren hätte, daß er sich einem unglücklichen aussetzte.

173

Nicht von Glas sein im Umgang, noch weniger in der Freundschaft. Einige brechen ungemein leicht, wodurch sie ihren Mangel an Festigkeit zeigen. Sich selbst erfüllen sie mit vermeintlichen Beleidigungen und die anderen mit Widerwillen. Die Beschaffenheit ihres Gemüts ist zarter als die ihres Augensterns, da sie weder im Scherz noch im Ernst eine Berührung duldet. Die unbedeutendsten Kleinigkeiten beleidigen sie: es bedarf keiner Ausfälle. Wer mit ihnen umgeht, muß mit der äußersten Behutsamkeit verfahren, stets ihre Zartheit berücksichtigen und sogar ihre Miene beobachten, da der geringste Übelstand ihnen Verdruß erregt. Dies sind meistens sehr eigene Leute, Sklaven ihrer Laune, der zuliebe sie alles über den Haufen würfen, und Götzendiener ihrer eingebildeten Ehre. Dagegen ist das Gemüt eines Liebenden hart und ausdauernd wie ein Diamant und daher ein Amant ein halber Diamant zu nennen.

174

Nicht hastig leben. Die Sachen zu verteilen wissen, heißt sie zu genießen verstehen. Viele sind mit ihrem Glück früher als mit ihrem Leben zu Ende; sie verderben sich die Genüsse, ohne ihrer froh zu werden, und nachher möchten sie umkehren, wenn sie ihres weiten Vorsprungs inne werden. Sie sind

Postillione des Lebens, die zu dem allgemeinen raschen Lauf der Zeit noch das ihnen eigene Stürzen hinzufügen. Sie möchten in einem Tage verschlingen, was sie kaum im ganzen Leben verdauen könnten. Vor den Freuden des Lebens sind sie immer voraus, verzehren schon die kommenden Jahre, und da sie so eilig sind, werden sie schnell mit allem fertig. Man soll sogar im Durst nach Wissen ein vernünftig Maß beobachten, damit man nicht die Dinge lerne, welche es besser wäre nicht zu wissen. Wir haben mehr Tage als Freuden zu erleben. Man sei langsam im Genießen, schnell im Wirken; denn die Geschäfte sieht man gern, die Genüsse ungern beendigt.

175

Ein Mann von Gehalt sein; und wer es ist, findet kein Genüge an denen, die es nicht sind. Ein elendes Ding ist äußeres Ansehen, welchem kein innerer Gehalt zugrunde liegt. Nicht alle, die ganze Leute zu sein scheinen, sind es; vielmehr sind manche trügerisch: von Schimären geschwängert, gebären sie Betrügereien, wobei sie von anderen, ihnen ähnlichen unterstützt werden, welche am Ungewissen, welches ein Betrug verheißt, weil es recht viel ist, mehr Gefallen finden als am Sicheren, welches eine Wahrheit verheißt, weil es nur wenig ist. Am Ende nehmen ihre Hirngespinste ein schlechtes Ende, weil sie ohne feste und mächtige Grundlage waren. Ein Betrug macht viele andere notwendig, daher denn das ganze Gebäude schimärisch ist und, weil in der Luft erbaut, notwendig zur Erde herabfallen muß. Falsch angelegte Dinge sind nie von Bestand; schon daß sie so viel verheißen, muß sie verdächtig machen; wie das, was zu viel beweist, selbst nicht richtig sein kann.

176

Einsicht haben oder den anhören, der sie hat. Ohne Verstand, eigenen oder erborgten, läßt sich's nicht leben. Allein viele wissen nicht, daß sie nichts wissen, und andere glauben zu wissen, wissen aber nichts. Gebrechen des Kopfes sind unheilbar, und da die Unwissenden sich nicht kennen, suchen sie auch nicht, was ihnen abgeht. Manche würden weise sein, wenn sie nicht es zu sein glaubten. Daher kommt es, daß, obwohl die Orakel der Klugheit selten sind, diese dennoch unbeschäftigt leben, weil keiner sie um Rat fragt. Sich beraten schmälert nicht die Größe und zeugt nicht von Mangel eigener Fähigkeit, vielmehr ist sich gut beraten ein Beweis derselben. Man überlege mit der Vernunft, damit man nicht widerlegt werde vom unglücklichen Ausgang.

177

Den vertraulichen Fuß im Umgang ablehnen. Weder sich noch andern darf man ihn erlauben. Wer sich auf einen vertraulichen Fuß setzt, verliert sogleich die Überlegenheit, welche seine Untadelhaftigkeit ihm gab, und in Folge davon auch die Hochachtung. Die Gestirne, weil sie mit uns sich nicht gemein machen, erhalten sich in ihrem Glanz. Das Göttliche gebietet Ehrfurcht. Jede Leutseligkeit bahnt den Weg zur Geringschätzung. Es ist mit den menschlichen Dingen so, daß, je mehr man sie besitzt und hält, desto weniger hält man von ihnen, denn die offene Mitteilung legt die Unvollkommenheit offen dar, welche die Behutsamkeit bedecke. Mit niemandem ist es rätlich, sich auf einen vertrauten Fuß zu setzen, weder mit Höheren, weil es gefährlich, nicht mit Geringeren, weil es unschicklich ist, am wenigsten aber mit gemeinen Leuten, weil sie aus Dummheit verwegen sind, und die Gunst verkennend, welche man ihnen erzeigt, solche für Schuldigkeit halten. Große Leutseligkeit ist der Gemeinheit verwandt.

178

Seinem Herzen glauben, zumal wenn es erprobt ist; dann versage man ihm nicht das Gehör, da es oft das vorherverkündet, woran am meisten gelegen. Es ist ein Hausorakel. Viele sind durch das umgekommen, was sie stets gefürchtet hatten; was half aber das Fürchten, wenn sie nicht vorbeugten! Manche haben als einen Vorzug ihrer begünstigten Natur ein recht wahrhaftes Herz, welches sie allemal warnt und Lärm schlägt, wenn Unglück droht, damit man ihm vorbeuge. Es zeugt nicht von Klugheit, Übeln entgegenzusehen, es sei denn, um sie zu überwinden.

179

Verschwiegenheit ist der Stempel eines fähigen Kopfes. Eine Brust ohne Geheimnis ist ein offener Brief. Wo der Grund tief ist, liegen auch die Geheimnisse in großer Tiefe; denn da gibt es weite Räume und Höhlungen, in welche die Dinge von Wichtigkeit versenkt werden. Die Verschwiegenheit entspringt aus einer mächtigen Selbstbeherrschung, und sich in diesem Stücke zu überwinden, ist ein wahrer Triumph. So vielen man sich entdeckt, so vielen macht man sich zinsbar. In der gemäßigten Stimmung des Innern besteht die Gesundheit der Vernunft. Die Gefahren, mit welchen die Verschwiegenheit zu kämpfen hat, sind die mancherlei Versuche der andern: das Widersprechen, in der Absicht, sie dadurch zu verleiten, die Stichelreden, um etwas aufzujagen; bei welchem allem der Aufmerksame verschlossener als je wird. Das, was man tun soll, muß man nicht sagen; und das, was man sagen soll, muß man nicht tun.

180

Nie sich nach dem richten, was der Gegner jetzt zu tun hätte. Der Dumme wird nie das tun, was der Kluge angemessen erachtet, weil er das Passende nicht herausfindet; ist er hingegen ein wenig klug, so wird er einen Schritt, den der andere vorhergesehen, ja ihm vorgebaut hat, gerade deshalb nicht ausführen. Man muß die Sachen von beiden Gesichtspunkten aus durchdenken, sie sorgfältig von beiden Seiten betrachten und sie zu einem doppelten Ausgang vorbereiten. Die Urteile sind verschieden: der Unentschiedene bleibe aufmerksam und nicht sowohl auf das, was geschehen wird, als auf das, was geschehen kann, bedacht.

181

Ohne zu lügen nicht alle Wahrheiten sagen. Nichts erfordert mehr Behutsamkeit als die Wahrheit: sie ist ein Aderlaß des Herzens. Es gehört gleichviel dazu: sie sagen und sie zu verschweigen verstehen. Man verliert durch eine einzelne Lüge den ganzen Ruf seiner Unbescholtenheit. Der

Betrug gilt für ein Vergehen und der Betrüger für falsch, welches noch schlimmer ist. Nicht alle Wahrheiten kann man sagen, die einen nicht unser selbst wegen, die andern nicht des andern wegen.

182

Ein Gran Kühnheit bei allem ist eine wichtige Klugheit. Man muß seine Meinung von andern mäßigen, um nicht so hoch von ihnen zu denken, daß man sich vor ihnen fürchtet. Nie bemächtige sich die Einbildungskraft des Herzens. Viele scheinen gar groß, bis man sie persönlich kennenlernt; dann aber dient ihr Umgang mehr, die Täuschung zu zerstören, als die Wertschätzung zu erhöhen. Keiner überschreitet die engen Grenzen der Menschheit: alle haben ihr Gebrechen, bald im Kopfe, bald im Herzen. Amt und Würde gibt eine scheinbare Überlegenheit, welche selten von der persönlichen begleitet wird; denn das Schicksal pflegt sich an der Höhe des Amtes durch die Geringfügigkeit der Verdienste zu rächen. Die Einbildungskraft ist aber immer im Vorsprung und malt die Sachen viel herrlicher, als sie sind; sie stellt sich nicht bloß vor, was ist, sondern auch, was sein könnte. Die durch so viele Erfahrungen von Täuschungen zurückgebrachte Vernunft weise jene zurecht. Doch die Dummheit soll so wenig verwegen, als die Tugend furchtsam sein. Und wenn sogar der Einfalt ihr Selbstvertrauen durchhalf, wie viel mehr dem Werte und dem Wissen.

183

Nichts gar zu fest ergreifen. Jeder Dumme ist fest überzeugt; und jeder fest Überzeugte ist dumm: je irriger sein Urteil, desto größer sein Starrsinn. Sogar wo man augenfällig recht hat, steht es schön an, nachzugeben, denn die Gründe, die wir für uns haben, sind nicht unbekannt, und nun sieht man unsere Artigkeit. Man verliert mehr durch ein halsstarriges Behaupten, als man durch den Sieg gewinnen kann; denn das heißt nicht ein Verfechter der Wahrheit, sondern der Grobheit sein. Es gibt eiserne Köpfe, die im höchsten und äußersten

Grade schwer zu überzeugen sind; kommt nun zum Festüberzeugtsein noch der grillenhafte Eigensinn, so gehen beide eine unzertrennliche Verbindung mit der Narrheit ein. Die Festigkeit gehört in den Willen, nicht in den Verstand. Doch gibt es Fälle, die hiervon eine Ausnahme gestatten, wo man nämlich verloren wäre, wenn man sich doppelt, erst im Urteil und infolgedessen in der Ausführung, besiegen ließe.

184

Nicht zeremoniös sein. Sogar in einem Könige war die Affektion hierin als eine Sonderbarkeit weltkundig. Wer in diesem Punkte kritisch ist, macht sich lästig; und doch haben ganze Nationen diese Eigenheit. Das Kleid der Narrheit ist aus solchen Dingen zusammengenäht: Leute dieses Schlages sind Götzendiener ihrer Ehre und zeigen doch, daß sie auf wenig gegründet ist, da sie fürchten, daß alles dieselbe verletzen könne. Es ist gut, auf Achtung zu halten; aber man gelte nicht für einen großen Zeremonienmeister. Allerdings ist es wahr, daß ein Mann ohne alle Umstände ausgezeichneter Tugenden bedarf. Man soll die Höflichkeit weder affektieren noch verachten; es zeugt nicht von Größe, daß man in Kleinigkeiten eigen ist.

185

Nie sein Ansehen von der Probe eines einzigen Versuchs abhängig machen; denn mißglückt er, so ist der Schaden unersetzlich. Es kann leicht vorkommen, daß man einmal fehlt, und besonders das erste. Zeit und Gelegenheit sind nicht immer günstig; daher man sagt, jemand habe seinen glücklichen Tag. Seinen zweiten Versuch stelle man durch Verbindung mit dem ersten sicher; dann wird, er mag gelingen oder mißglücken, der erste seine Ehrenrettung sein. Immer muß man seine Zuflucht zu einer Verbesserung nehmen und sich auf ein Mehreres berufen können. Die Dinge hängen von gar vielen und mancherlei Zufälligkeiten ab; daher eben der glückliche Ausgang so selten ist.

186

Fehler als solche erkennen, auch wenn sie in noch so hohem Ansehen stehen. Der Makellose verkenne das Laster nicht, auch wenn es sich in Gold und Seide kleidet; ja es wird bisweilen eine goldene Krone tragen, deshalb aber doch nicht weniger verwerflich sein. Die Sklaverei bleibt niederträchtig, so sehr man sie durch die Hoheit des Herrn beschönigen möchte. Die Laster können hoch stehen, sind aber deshalb doch nichts Hohes. Manche sehen, daß jener große Mann mit diesem oder jenem Fehler behaftet ist, aber sie sehen nicht, daß er keineswegs durch denselben ein großer Mann ist. Das Beispiel der Höheren hat eine solche Überredungskraft, daß es uns sogar Häßlichkeiten beredet und selbst die des Gerichts von Schmeichlern bisweilen affektiert wurden, welche jedoch nicht begriffen, daß, wenn man bei den Großen gegen dergleichen die Augen verschließt, man es an den Geringen verabscheut.

187

Was Gunst erwirbt, selbst verrichten, was Ungunst, durch andre. Durch das erstere gewinnt man die Liebe, durch das andere entgeht man dem Übelwollen. Dem großen Mann gibt Gutes tun mehr Genuß als Gutes empfangen: ein Glück seines Edelmuts. Nicht leicht wird man andern Schmerz verursachen, ohne, entweder durch Mitleid oder durch Vergeltung, selbst wieder Schmerz zu erdulden. Von oben her kann man nur durch Lohn oder Strafe wirken: da erteile man das Gute unmittelbar, das Schlimme mittelbar. Man habe jemanden, auf den die Schläge der Unzufriedenheit, welche Haß und Schmähungen sind, treffen. Denn die Wut des Pöbels gleicht der der Hunde: die Ursache ihres Leidens verkennend, wendet sie sich wider das Werkzeug, welches, wiewohl nicht die Hauptschuld tragend, für die unmittelbare büßen muß.

188

Löbliches zu berichten haben. Es erhöht die gute Meinung von unserem Geschmack, indem es anzeigt, daß derselbe anderwärts das Vortreffliche kennengelernt hat und daher auch hier es zu schätzen wissen wird; denn wer vordem Vollkommenheiten zu würdigen gewußt hat, wird ihnen auch nachmals Gerechtigkeit widerfahren lassen. Zudem gibt es Stoff zur Unterhaltung, zur Nachahmung, und befördert lobenswerte Kenntnisse. Man erzeigt dadurch auf eine sehr feine Weise den gegenwärtigen Vollkommenheiten eine Höflichkeit. Andere machen es umgekehrt: sie begleiten ihre Erzählung immer mit Tadel und wollen dem Gegenwärtigen durch Herabsetzung des Abwesenden schmeicheln. Dies glückt ihnen bei oberflächlichen Leuten, welche nicht inne werden, wie listig sie bei einem jeden recht schlecht vom andern reden. Manche haben die Politik, die Mittelmäßigkeiten des heutigen Tages höher zu schätzen als die vortrefflichsten Leistungen des gestrigen. Der Aufmerksame durchschaue alle diese Schliche und lasse sich weder durch die übertriebenen Erzählungen der einen mutlos machen, noch durch die Schmeicheleien der andern aufblasen; sondern sehe ein, daß jene sich an einem Orte gerade so wie am andern benehmen, ihre Meinungen vertauschen und sich stets nach dem Orte richten, an welchem sie eben sind.

189

Sich den fremden Mangel zunutze machen; denn erzeugt er den Wunsch, so wird er zur wirksamsten Daumschraube. Die Philosophen haben gesagt, der Mangel oder die Privation sei nichts; die Politiker aber meinten, er sei alles. Letztere haben es am besten verstanden. Manche wissen aus dem Wunsche der andern eine Stufe zur Erreichung ihrer Zwecke zu machen. Sie benutzen die Gelegenheit und erregen jenen durch Vorstellung der Schwierigkeit des Erlangens den Appetit. Sie versprechen sich mehr von der Leidenschaftlichkeit der Sehnsucht als von der Lauheit des Besitzes. Denn in dem Maße, als der Widerstand zunimmt, wird der Wunsch leidenschaftlicher. Andere in Abhängigkeit zu erhalten wissen, um seine Zwecke zu erreichen, ist eine große Feinheit

190

In allem seinen Trost finden. Sogar die Unnützen mögen ihn darin finden, daß sie unsterblich sind. Kein Kummer ohne seinen Trost. Für die Dummen ist es einer, daß sie Glück haben; auch das Glück häßlicher Weiber ist sprichwörtlich geworden. Um lange zu leben, ist ein gutes Mittel, wenig zu taugen. Das brüchige Gefäß ist stets das, was nie vollends zerbricht, sondern durch seine Dauer Überdruß erregt. Gegen die wichtigsten Menschen scheint das Schicksal Neid zu hegen, da es den unnützesten Leuten die längste, den wichtigsten die kürzeste Lebensdauer verleiht. Alle, an denen viel gelegen, nehmen bald ein Ende; wer aber keinem etwas nützt, lebt ewig, teils weil es uns so vorkommt, teils, weil es wirklich so ist. Dem Unglücklichen scheint es, daß das Glück und der Tod sich verschworen haben, ihn zu vergessen.

191

Nicht an der großen Höflichkeit sein Genügen haben; denn sie ist eine Art Betrug. Einige bedürfen, um hexen zu können, nicht der Kräuter Thessaliens, denn mit dem schmeichelhaften Hutabziehen allein bezaubern sie eitle Dummköpfe. Ehrenbezeigungen sind ihre Münze, und sie bezahlen mit dem Hauch schöner Redensarten. Wer alles verspricht, verspricht nichts; aber Versprechungen sind die Falle für die Dummen. Die wahre Höflichkeit ist Schuldigkeit, die affektierte, zumal die ungebräuchliche, Betrug: sie ist nicht Sache des Anstands, sondern ein Mittel, andere abhängig zu machen. Ihr Bückling gilt nicht der Person, sondern deren Glücksumständen, und ihre Schmeichelei nicht den etwa erkannten Trefflichkeiten, sondern den gehofften Vorteilen.

192

Friedfertig leben, lange leben. Um zu leben, leben lassen. Die Friedfertigen leben nicht nur; sie herrschen. Man höre, sehe und schweige. Der Tag ohne Streit bringt ruhigen Schlaf in der Nacht. Lange leben und angenehm leben heißt für zwei leben und ist die Frucht des Friedens. Alles hat der, welcher sich aus dem nichts macht, woran ihm nichts liegt. Keine größere Verkehrtheit, als sich alles zu Herzen nehmen. Gleich große Torheit: daß uns das Herz durchbohre, was uns nicht angeht, und daß wir uns nicht kümmern wollen um das, was wichtig für uns ist.

193

Dem aufpassen, der mit der fremden Angelegenheit auftritt, um mit der eigenen abzuziehen. Gegen die List ist die beste Vormauer die Aufmerksamkeit. Für feine Schliche eine feine Nase. Viele machen aus ihrer eigenen Angelegenheit eine fremde, und ohne den Schlüssel zur Zifferschrift ihrer Absichten wird man bei jedem Schritt in den Fall kommen, den fremden Vorteil zum großen Schaden seiner Hand aus dem Feuer holen zu müssen.

194

Von sich und seinen Sachen vernünftige Begriffe haben, zumal beim Antritt einer Laufbahn. Jeder hat eine hohe Meinung von sich, am meisten aber die, welche am wenigsten Ursache haben. Jeder träumt sich sein Glück und hält sich für ein Wunder. Die Hoffnung macht die übertriebensten Versprechungen, welche nachher die Erfahrung durchaus nicht erfüllt. Dergleichen eitle Einbildungen werden eine Quelle der Qualen, wenn einst die wahrhafte Wirklichkeit die Täuschung zerstört. Der Kluge komme solchen Verirrungen zuvor; er mag immerhin das Beste hoffen, jedoch erwarte er stets das Schlimmste, um, was kommen wird, mit Gleichmut zu empfangen. Zwar ist es geschickt, etwas zu hoch zu zielen, damit der Schuß richtig treffe; jedoch nicht so sehr, daß man den Antritt seiner Laufbahn darüber ganz verfehle. Diese Berichtigung der Begriffe ist schlechterdings notwendig; denn vor der Erfahrung ist die Erwartung meistens sehr ausschweifend. Die beste Universalmedizin gegen alle Torheiten ist die Einsicht. Jeder erkenne die Sphäre seiner Tätigkeit und seines Standes, dann wird er seine Begriffe nach der Wirklichkeit berichtigen.

195

Zu schätzen wissen. Es gibt keinen, der nicht in irgend etwas der Lehrer des andern sein könnte, und jeder, der andere übertrifft, wird selbst noch von jemandem übertroffen werden. Von jedem Nutzen zu ziehen verstehen, ist ein nützliches Wissen. Der Weise schätzt alle, weil er in jedem das Gute erkennt und weiß, wieviel dazu gehört, eine Sache gut zu machen. Der Dumme verachtet alle, weil er das Gute nicht kennt und das Schlechtere erwählt.

196

Seinen Glücksstern kennen. Niemand ist so hilflos, daß er keinen hätte, und ist er unglücklich, so ist es, weil er ihn nicht kennt. Einige stehen bei Fürsten und Mächtigen im Ansehen, ohne zu wissen, wie oder weshalb, als nur, daß eben ihr Schicksal ihnen diese Gunst leicht machte, wobei der Bemühung bloß das Nachhelfen blieb. Andere besitzen die Gunst der Weisen. Mancher fand bei einer Nation bessere Aufnahme als bei der andern und war in dieser Stadt lieber gesehen als in jener. Ebenso hat man oft mehr Glück in einem Amte oder Stand als in den übrigen; und alles dies bei Gleichheit, ja Einerleiheit der Verdienste. Das Schicksal mischt die Karten, wie und wann es will. Jeder kenne seinen Glücksstern, eben wie auch sein Talent: denn davon hängt es ab, ob er sein Glück macht oder verscherzt. Er wisse seinem Stern zu folgen, ihm nachzuhelfen und hüte sich, ihn zu vertauschen, denn das wäre, wie wenn man den Polarstern verfehlt, auf welchen doch der nahe Kleine Bär hindeutet.

197

Sich keine Narren auf den Hals laden. Wer sie nicht kennt, ist selbst einer, und noch mehr der, welcher sie kennt und sie nicht von sich abhält. Für den oberflächlichen Umgang sind sie gefährlich, für den vertrauten verderblich. Und wenn auch ihre eigene Behutsamkeit und fremde Sorgfalt sie eine Zeitlang in Schranken hält, so begehen oder sagen sie zuletzt doch eine Dummheit, und haben sie so lange gewartet, so war es, damit sie desto ansehnlicher ausfiele. Schlecht wird das fremde Ansehen unterstützen, wer selber keins hat. Sie sind sehr unglücklich, welches das der Narrheit beigegebene Leiden ist und sich mit ihr wechselseitig ausgleicht. Nur eines ist an ihnen so übel nicht, und das ist, daß, obgleich für sie die Klugen von keinem Nutzen sind, sie hingegen von vielem für die Weisen teils zur Erkenntnis, teils zur Übung.

198

Sich zu verpflanzen wissen. Es gibt Nationen, die, um zu gelten, versetzt werden müssen; zumal in Hinsicht auf hohe Stellen. Das Vaterland ist allemal stiefmütterlich gegen ausgezeichnete Talente, denn in ihm, als dem Boden, dem sie entsprossen, herrscht der Neid, und man erinnert sich mehr der Unvollkommenheit, mit der jemand anfing, als der Größe, zu der er gelangt ist. Eine Nadel konnte Wertschätzung erhalten, nachdem sie von einer Welt zur andern gereist war, und ein Glas, weil es in ein anderes Land gebracht worden, machte Diamanten geringgeschätzt. Alles Fremde wird geachtet, teils weil es von weit her kommt, teils weil man es ganz fertig und in seiner Vollkommenheit erhält. Leute hat man gesehen, die einst die Verachtung ihres Winkels waren und jetzt die Ehre der Welt sind, hochgeschätzt von ihren Landsleuten und von den Fremden; von jenen, weil sie von weitem, von diesen, weil sie sie als weither sehen. Nie wird der die Statue auf dem Altar gehörig verehren, der sie als einen Stamm im Garten gekannt hat.

199

Sich Platz zu machen wissen als ein Kluger, nicht als ein Zudringlicher. Der wahre Weg zu hohem Ansehen ist das Verdienst, und liegt dem Fleiße echter Wert zugrunde, so gelangt man am kürzesten dahin. Bloße Makellosigkeit reicht nicht aus, bloßes Mühen und Treiben ist unwürdig, denn dadurch langen die Sachen so mit Kot bespritzt an, daß der Ekel ihrem Ansehen schadet. Die Sache ist ein Mittelweg zwischen verdienen und sich einzuführen verstehen.

200

Etwas zu wünschen übrig haben, um nicht vor lauter Glück unglücklich zu sein. Der Leib will atmen, und der Geist streben. Wer alles besäße, wäre über alles enttäuscht und mißvergnügt. Sogar dem Verstande muß etwas zu wissen übrig bleiben, was die Neugierde lockt und die Hoffnung belebt. Übersättigungen an Glück sind tödlich. Beim Belohnen ist es eine Geschicklichkeit, nie gänzlich zufrieden zu stellen. Ist nichts mehr zu wünschen, so ist alles zu fürchten. Unglückliches Glück! Wo der Wunsch aufhört, beginnt die Furcht.

201

Narren sind alle, die es scheinen, und die Hälfte derer, die es nicht scheinen. Die Narrheit ist mit der Welt davongelaufen; und gibt es noch einige Weisheit, so ist sie die Torheit vor der himmlischen. Jedoch ist der größte Narr, wer es nicht zu sein glaubt und alle andern dafür erklärt. Um weise zu sein, reicht nicht hin, daß man es scheine, am wenigsten sich selber. Der weiß, welcher nicht denkt, daß er wisse, und der sieht nicht, der nicht sieht, daß die andern sehen. Und obschon die Welt voll Narren ist, so ist keiner darunter, der es von sich selbst dächte, ja nur argwöhnte.

202

Reden und Taten machen einen vollendeten Mann. Sagen soll man, was vortrefflich, und tun, was ehrenvoll ist: das eine zeigt die Vollkommenheit des Kopfes, das andere die des Herzens, und beide gehen aus der Erhabenheit der Seele hervor. Die Reden sind der Schatten der Taten; jene sind weiblicher, diese männlicher Natur. Besser, gerühmt zu sein, als ein Rühmer. Das Sagen ist leicht, das Tun schwer. Die Taten sind die Substanz des Lebens, die Reden sein Schmuck. Das Ausgezeichnete in Taten ist bleibend, das in Reden vergänglich. Die Handlungen sind die Frucht der Gedanken: waren diese weise, so sind jene erfolgreich.

203

Das ausgezeichnet Große seines Jahrhunderts kennen. Es wird desselben nicht viel sein: ein Phönix in einer ganzen Welt, ein großer Feldherr, ein vollkommener Redner, ein Weiser in einem ganzen Jahrhundert, ein großer König in vielen. Das Mittelmäßige ist sehr gewöhnlich, sowohl der Zahl als der Wertschätzung nach; hingegen das ausgezeichnet Große selten in jeder Hinsicht, weil es vollendete Vollkommenheit erfordert, und je höher die Gattung, desto schwieriger ist das Höchste in ihr. Viele haben den Beinamen des Großen, der dem Cäsar und Alexander gebührt, angenommen, aber vergeblich, da ohne die Taten das Wort ein bloßer Hauch ist. Wenige Senecas hat es gegeben, und nur einen Appelles kannte die Welt.

204

Man unternehme das Leichte, als wäre es schwer, und das Schwere, als wäre es leicht: jenes, damit das Selbstvertrauen uns nicht sorglos, dieses, damit die Zaghaftigkeit uns nicht mutlos macht. Damit eine Sache nicht getan werde, bedarf es nur, daß man sie als schon getan betrachte; und im Gegenteil macht Fleiß und Anstrengung das Unmögliche möglich. Die großen Obliegenheiten darf man sogar nicht bedenken, damit der Anblick der Schwierigkeit nicht unsere Tatkraft lähme.

205

Die Verachtung zu handhaben verstehen. Um die Sachen zu erlangen, ist es ein schlauer Kunstgriff, daß man sie geringschätze; gewöhnlich wird man ihrer nicht habhaft, wenn man sie sucht, und nachher, wenn man nicht darauf achtet, fallen sie uns von selbst in die Hand. Da alle Dinge dieser Welt ein Schatten der ewigen Dinge sind, so haben sie mit dem Schatten auch diese Eigenschaften gemein, daß sie den fliehen, der ihnen folgt, und dem folgen, der von ihnen flieht. Die Verachtung ist ferner auch die klügste Rache; es ist feste Maxime der Weisen, sich mit der Feder zu verteidigen, denn solche Verteidigung läßt eine Spur nach und schlägt mehr in Verherrlichung der Widersacher als in Züchtigung ihrer Verwegenheit aus. Es ist ein Kniff der Unwürdigen, als Gegner großer Männer aufzutreten, um auf indirektem Wege zu der Berühmtheit zu gelangen, welcher sie auf dem direkten, durch Verdienste, nie teilhaft geworden wären. Und von vielen würden wir nie Kunde erhalten haben, hätten ihre ausgezeichneten Gegner sich nicht um sie gekümmert. Keine Rache tut es dem Vergessen gleich, durch welches sie im Staube ihres Nichts begraben werden. Solche Verwegene wähnen sich dadurch unsterblich zu machen, daß sie an die Wunder der Welt und der Jahrhunderte Feuer anlegen. Die Kunst, die Verleumdung zu beschwichtigen, ist, sie unbeachtet zu lassen; gegen sie ankämpfen, bringt Nachteil, und eine Herstellung unseres Ansehens, die es schmälert, ist den Gegnern wohlgefällig; denn selbst jener Schatten eines Makels benimmt unserem Ruhm seinen Glanz, wenn er ihn auch nicht ganz verdunkeln kann.

206

Man soll wissen, daß es überall Pöbel gibt, selbst im schönen Korinth, selbst in der auserlesensten Familie. Jeder macht ja die Erfahrung in seinem eigenen Hause. Nun gibt es aber Pöbel und Gegenpöbel, der noch schlimmer ist; dieser spezielle teilt mit dem allgemeinen alle Eigenschaften, wie die Stücke des zerbrochenen Spiegels, er ist aber schädlicher: er redet dumm, tadelt verkehrt, ist ein großer Schüler der Unwissenheit, Gönner und Patron der Narrheit und Bundesgenosse der Klatscherei; man beachte nicht, was er sagt, noch weniger, was er denkt. Es ist wichtig ihn zu kennen, um sich von ihm zu befreien, denn jede Dummheit ist Pöbelhaftigkeit, und der Pöbel besteht aus den Dummen.

207

Sich mäßigen. Man soll einen Fall wohl überlegen, zumal einen Unfall. Die Anwandlungen der Leidenschaft sind das Glatteis der Klugheit, und hier liegt die Gefahr, sich ins Verderben zu stürzen. Von einem Augenblick der Wut oder der Fröhlichkeit wird man weiter geführt als von vielen Stunden des Gleichmuts; und da bereitet manchmal eine kurze Weile die Beschämung des ganzen Lebens. Fremde Arglist legt oft absichtlich solche Versuchungen der Vernunft an, um eine Entdeckungsreise ins Innere des Geistes zu machen, und benutzt dergleichen Daumschrauben der Geheimnisse, die imstande sind, den überlegensten Kopf aufs äußerste zu treiben. Zur Gegenlist diene die Mäßigung, vorzüglich bei plötzlichen Fällen. Ein sehr überlegter Geist ist erfordert, wenn nicht einmal eine Leidenschaft das Gebiß zwischen die Zähne nehmen soll, und gewaltig klug muß der sein, der es zu Pferde bleibt.* Wer die Gefahr begriffen hat, geht mit Behutsamkeit seinen Weg. So leicht ein Wort dem scheint, der es hinwirft, so schwer dem, der es aufnimmt und wiegt.

208

Nicht an der Narrenkrankheit sterben. Meistens sterben die Weisen, nachdem sie den Verstand verloren haben; die Narren hingegen voll von gutem Rat. Wie ein Narr sterben, heißt, an zu vielem Denken sterben. Einige sterben, weil sie denken und empfinden; andere leben weil sie nicht denken und empfinden; diese sind Narren, weil sie nicht vor Schmerz sterben, und jene, weil sie es tun. Ein Narr ist, wer an zu großem Verstande stirbt; demnach sterben einige, weil sie gescheit, und leben andere, weil sie nicht gescheit sind. Jedoch obgleich viele wie Narren sterben, so sterben doch wenige Narren.

209

Sich von allgemeinen Narrheiten freihalten, ist eine recht besondere Klugheit. Jene haben viel Gewalt, weil sie eben allgemein eingeführt sind, und mancher, welcher sich von keiner Privatnarrheit überwältigen ließ, konnte doch der allgemeinen nicht entgehen. Es gehören dahin solche gemeinen Vorurteile wie, daß keiner mit seinem Schicksale, und wäre es das beste, zufrieden, noch unzufrieden mit seinem Verstande ist, wäre er auch der schlechteste; ferner daß alle, mit ihrem

* Siehe Anmerkung zu 155.

eigenen Glücke unzufrieden, das fremde beneiden; sodann daß die Leute des heutigen Tages die Dinge von gestern loben, und die von hier die Dinge von dort: alles Vergangene scheint besser, alles Entfernte wird höher geschätzt. Wer über alles lacht, ist ein ebenso großer Narr, als wer sich über alles betrübt.

210

Die Wahrheit zu handhaben verstehen. Sie ist ein gefährlich Ding; jedoch kann der rechtliche Mann nicht unterlassen, sie zu sagen. Hier bedarf es nun der Kunst: geschickte Ärzte der Seele haben auf Arten, sie zu versüßen, gedacht; denn wenn sie auf Zerstörung einer Täuschung hinausläuft, ist sie die Quintessenz des Bitteren. Die gute Manier wendet hier ihre Geschicklichkeit an: sie kann mit derselben Wahrheit dem einen schmeicheln und den andern zu Boden werfen. Man handle die Angelegenheit der Gegenwärtigen in der der längst Vergangenen ab. Bei dem, der zu verstehen weiß, ist ein Wink hinreichend; wäre aber nichts hinreichend, so tritt der Fall des Verstummens ein. Fürsten darf man nicht mit bitteren Arzneien kurieren; deshalb ist es eine Kunst, die Enttäuschungen zu vergolden.

211

Im Himmel ist alles Wonne, in der Hölle alles Jammer, in der Welt, als dem Mittleren, das eine und das andere. Wir stehen zwischen zwei Extremen, und sind daher beider teilhaft. Das Schicksal wechselt:. alles soll nicht Glück, noch alles Mißgeschick sein. Diese Welt ist eine Null: für sich allein gilt sie nichts, aber mit dem Himmel in Verbindung gesetzt, viel. Gleichmut bei ihrem Wechsel ist vernünftig, und Neuheit ist nicht die Sache des Weisen. Unser Leben verwickelt sich in seinem Fortgang wie ein Schauspiel und entwickelt sich zuletzt wieder; daher sei man auf das gute Ende bedacht.

212

Die letzten Feinheiten der Kunst stets zurückbehalten. Eine Maxime großer Meister, die ihre Klugheit, auch indem sie solche lehren, noch anwenden: immer muß man überlegen bleiben, immer Meister. Mit Kunst muß man die Kunst mitteilen und nie die Quelle der Belehrung erschöpfen, so wenig als die des Gebens. Dadurch wird man sein Ansehen und die fremde Abhängigkeit erhalten. Im Gefallen und im Belehren hat man jene große Vorschrift zu beobachten: stets mit Bewunderung kirre zu erhalten und die Vollkommenheit immer weiter zu führen. Die Reserve bei allen Dingen ist ein große Regel zum Leben, zum Siegen, und am meisten auf hohen Stellen.

213

Zu widersprechen verstehen. Eine große List zum Erforschen; nicht um sich, sondern um den andern in Verwicklung zu bringen. Die wirksamste Daumschraube ist die, welche die Affekte in Bewegung setzt; daher ist ein wahres Vomitiv für Geheimnisse die Lauheit im Glauben derselben; sie ist der Schlüssel zur verschlossensten Brust und untersucht mit großer Feinheit zugleich den Willen und den Verstand. Eine schlaue Geringschätzung des mysteriösen Wortes, welches der andere fallen ließ, jagt die verborgensten Geheimnisse auf, bringt sie mit Süßigkeit in einzelnen Bissen zum Munde, bis sie auf die Zunge und von da ins Netz des künstlichen Betruges geraten. Die Zurückhaltung des Aufpassenden macht, daß die des andern die Vorsicht außer acht läßt, und so kommt seine Gesinnung an den Tag, wenn auch sein Herz auf andere Weise unerforschlich war. Ein erkünsteltes Zweifeln ist der feinste Dietrich, dessen die Neugier sich bedienen kann, um herauszubringen, was sie verlangt. Auch beim Lernen sogar ist es eine gute List des Schülers, dem Lehrer zu widersprechen, der jetzt, von größerem Eifer hingerissen, sich tiefer in die Eröffnung des Grundes seiner Wahrheiten einläßt, so daß eine gemäßigte Bestreitung eine vollendete Belehrung veranlaßt.

214

Nicht aus einem dummen Streich zwei machen. Es geschieht häufig, daß man, um einen zu verbessern, vier andere begeht, oder eine Ungehörigkeit durch eine größere gutmachen will. Entweder ist die Torheit aus der Familie der

Lüge, oder diese aus jener, da beide dies gemein haben, daß jede einzelne, um sich aufrecht zu erhalten, viele andere notwendig macht. Schlimmer als die schlechte Anklage war stets die Inschutznahme derselben, und übler als das Üble selbst ist es, solches nicht verhehlen zu können. Es ist das Erbteil der Unvollkommenheiten, daß jede noch viele andere auf Zinsen gibt. Ein Versehen zu machen, kann dem gescheitesten Manne begegnen, jedoch nicht zwei, und selbst jenes nur am Lauf, nicht im Sitzen.

215

Dem aufpassen, der mit der zweiten Absicht herankommt. Es ist eine List der Unterhändler, den fremden Willen einzuschläfern, um ihn anzugreifen: denn ist er umgangen, so ist er überwunden. Sie verhehlen ihre Absicht, um sie zu erreichen, und stellen sie zuhinterst, damit sie bei der Ausführung vorne zu stehen komme, und der Streich gelingt, wenn man ihn nicht bemerkt. Daher schlafe die Aufmerksamkeit nicht, da die Absichtlichkeit so sehr wach ist; und stellt diese sich nach hinten, um sich zu verstecken, so trete jene nach vorne, um sie zu erkennen. Die Vorsicht bemerke die Künste, mit denen so ein Mann von zwei Absichten herankommt, und sehe die Vorwände, die er, um seine wahre Absicht zu erreichen, aufstellt. Eins schlägt er vor, ein anderes will er haben; plötzlich aber kehrt er es geschickt um und trifft gerade in das Weiße seiner Zielscheibe. Man wisse deshalb, was man ihm einräumt; und bisweilen wird es angemessen sein, ihm zu verstehen zu geben, daß man ihn verstanden hat.

216

Die Kunst des Ausdrucks besitzen: sie besteht nicht nur in der Deutlichkeit, sondern auch in der Lebendigkeit des Vortrags. Einige haben eine glückliche Empfängnis, aber eine schwere Geburt, denn ohne Klarheit können die Kinder des Geistes, die Gedanken und Beschlüsse, nicht wohl zur Welt gebracht werden. Manche gleichen in ihrer Fassungskraft jenen Gefäßen, die zwar viel fassen, aber nur wenig von sich geben.

Andere wieder sagen sogar mehr, als sie gedacht haben. Was für den Willen die Entschlossenheit, ist für den Verstand die Gabe des Vortrags: zwei hohe Vorzüge. Die Köpfe, welche die Gabe lichtvoller Klarheit haben, erlangen Beifall; die verworrenen werden bisweilen verehrt, weil keiner sie versteht. Zuzeiten ist es passend, dunkel zu sein, um nicht gemein zu werden; allein wie sollen die Hörer den begreifen, der mit dem, was er sagt, eigentlich selbst keinen Begriff verknüpft?

217

Nicht auf immer lieben, noch hassen. Seinen heutigen Freunden traue man so, als ob sie morgen Feinde sein würden, und zwar die schlimmsten. Da dieses in der Wirklichkeit statthat, so finde es solche auch in der Vorkehr. Man gebe nicht den Überläufern der Freundschaft Waffen in die Hände, mit denen sie nachher den blutigsten Krieg führen. Dagegen stehe den Feinden beständig die Tür zur Versöhnung offen, und zwar sei es die des Edelsinns, als sicherste. Manchem ist schon seine frühere Rache zur Qual geworden, und die Freude über seinen verübten bösen Streich hat sich in Betrübnis verkehrt

218

Nie aus Eigensinn handeln, sondern aus Einsicht. Jeder Eigensinn ist ein Auswuchs des Geistes, ein Erzeugnis der Leidenschaft, welche noch nie die Dinge richtig geleitet hat. Es gibt Leute, die aus allem einen kleinen Krieg machen, wahre Banditen des Umgangs: alles, was sie ausführen, soll zu einem Siege werden, und sie kennen kein friedliches Verfahren. Diese sind, wenn sie gebieten und herrschen, verderblich, denn sie machen aus der Regierung eine Faktion und Feinde aus denen, die sie als ihre Kinder ansehen sollten. Sie wollen alles durch Ränke vorbereiten und es sodann als die Frucht ihrer Künstelei erlangen. Allein wenn die übrigen ihren verkehrten Sinn erkannt haben, so lehnt alles sich gegen sie auf, weiß ihre schimärischen Pläne zu stören, und sie erlangen nichts, sondern tragen nur eine Last von Verdrießlichkeiten davon, indem alle helfen, ihr Leidwesen zu vermehren. Diese haben einen verschrobenen Kopf und mitunter auch ein verruchtes Herz. Gegen Ungeheuer dieser Art ist weiter nichts zu tun, als sie zu fliehen und wäre es bis zu den Antipoden, deren Barbarei leichter zu ertragen sein wird als die Abscheulichkeit jener.

219

Man gelte nicht für einen Mann von Verstellung, obgleich sich's ohne solche heutzutage nicht leben läßt. Für vorsichtig sei man gehalten, nicht für listig. Daß man schlicht in seinem Tun sei, ist allen angenehm, wiewohl es nicht jeder für sein eigenes Haus mag. Die Aufrichtigkeit gehe nicht in Einfalt über und die Klugheit nicht in Arglist. Man sei lieber als ein Weiser geehrt, als wegen seiner Schlauheit gefürchtet. Die Offenherzigen werden geliebt, aber betrogen. Die größte Kunst bestehe darin, daß man bedecke, was für Betrug gehalten wird. Im goldenen Zeitalter war die Geradheit an der Tagesordnung, in diesem eisernen ist es die Arglist. Der Ruf, ein Mann zu sein, der weiß, was er zu tun hat, ist ehrenvoll und erwirbt Zutrauen; aber der eines verstellten Menschen ist verfänglich und erregt Mißtrauen.

220

Wer sich nicht mit der Löwenhaut bekleiden kann, nehme den Fuchspelz. Der Zeit nachgeben, heißt, sie überflügeln. Wer sein Vorhaben durchsetzt, wird nie sein Ansehen verlieren. Wo es mit Gewalt nicht geht, — mit Geschicklichkeit. Auf einem Wege oder dem andern: entweder auf der Heerstraße der Tapferkeit, oder auf dem Nebenwege der Schlauheit. Mehr Dinge hat Geschick durchgesetzt als Gewalt, und öfter haben die Klugen die Tapfern besiegt, als umgekehrt. Wenn man eine Sache nicht erlangen kann, ist es an der Zeit, sie zu verachten.

221

Nicht leicht Anlaß nehmen, sich oder andere in Verwicklungen zu bringen. Es gibt Leute, die beständig gegen die Wohlanständigkeit anstoßen, indem sie in sich oder in andern den Anstand verletzen. Man kommt leicht mit ihnen zusammen und mit Unannehmlichkeiten wieder auseinander. Hundert Verdrießlichkeiten des Tages sind ihnen wenig. Ihre Laune hat das Haar wider den Strich, daher sie allen und jedem widersprechen; sie haben sich den Verstand verkehrt angezogen, weshalb sie alles verdammen. Jedoch sind die größten Versucher fremder Klugheit die, welche nichts gut machen und von allem schlecht sprechen. Es gibt gar viele Ungeheuer im weiten Reiche der Unziemlichkeit.

222

Zurückhaltung ist ein sicherer Beweis von Klugheit. Ein wildes Tier ist die Zunge: hat sie sich einmal losgerissen, so hält es schwer, sie wieder anzuketten: sie ist der Puls der Seele, an welchem die Weisen die Beschaffenheit derselben erkennen; an diesem Puls fühlt der Aufmerksame jede Bewegung des Herzens. Das Schlimmste ist, daß, wer sich am meisten mäßigen sollte, es am wenigsten tut. Der Weise erspart sich Verdrießlichkeiten und Verwicklungen und zeigt seine Herrschaft über sich. Er geht seinen Weg behutsam, ein Janus an billigem Urteil, ein Argus an Scharfblick. Momus hätte wahrscheinlich noch eher die Augen in der Hand, als das Fensterchen auf der Brust vermissen sollen.

223

Weder aus Affektation, noch aus Unachtsamkeit etwas ganz Besonderes an sich haben. Manche haben auffallende Sonderbarkeiten an sich, mit verrückten Gebärden. Dergleichen sind mehr Fehler als Auszeichnungen. Und wie nun einige wegen einer besonderen Häßlichkeit des Gesichts bekannt sind, so jene durch irgend etwas Anstößiges im äußerlichen Betragen. Dergleichen Sonderbarkeiten dienen bloß als Abzeichen durch eine unschickliche Eigenheit, und erregen teils Gelächter, teils Widerwillen.

224

Die Dinge nie wider den Strich nehmen, wie sie auch kommen mögen. Alle haben eine rechte und eine Kehrseite, und selbst das Beste und Günstigste verursacht Schmerz, wenn man es bei der Schneide ergreift; hingegen wird das Feindseligste zur schützenden Waffe, wenn beim Griff angefaßt. Über viele Dinge hat man sich schon betrübt, über welche man sich würde gefreut haben, hätte man ihre Vorteile betrachtet. In allem liegt Günstiges und Ungünstiges; die Geschicklichkeit besteht im Herausfinden des Vorteilhaften. Dieselbe Sache nimmt sich, in verschiedenem Lichte gesehen, gar verschieden aus: man betrachte sie also im günstigen Lichte und verwechsle nicht das Gute mit dem Schlimmen. Hieraus entsteht es, daß manche aus allem Zufriedenheit, andere aus allem Betrübnis schöpfen. Diese Betrachtung ist eine große Schutzwehr gegen die Widerwärtigkeiten des Geschicks und eine wichtige Lebensregel für alle Zeiten und alle Stände.

225

Seinen Hauptfehler kennen. Keiner lebt, der nicht das Gegengewicht seines glänzendsten Vorzugs in sich trüge; wird nun dasselbe noch von der Neigung begünstigt, so erlangt es eine tyrannische Gewalt. Man eröffne den Krieg dawider durch Aufrufen der Sorgfalt dagegen, und der erste Schritt sei, seinen Hauptfehler sich offenbar zu machen; denn einmal erkannt, wird er bald besiegt sein, vorzüglich, wenn der damit Behaftete ihn ebenso deutlich auffaßt wie der Beobachter. Um Herr über sich zu sein, muß man sich gründlich kennen. Hat man erst jenen Anführer seiner Unvollkommenheiten zur Unterwerfung gebracht, so werden alle übrigen nachfolgen.

226

Stets aufmerksam sein, Verbindlichkeiten zu erzeigen. Die meisten reden nicht gewissenhaft, sondern je nach ihren Verbindlichkeiten. Das Schlechte glaubhaft zu machen, ist jeder vollkommen hinreichend, weil alles Schlechte leichten Glauben findet, sollte es zuzeiten auch unglaublich sein. Das Meiste und Beste, was wir haben, hängt von der Meinung anderer ab. Einige lassen sich daran genügen, daß sie das Recht auf ihrer Seite haben, das ist aber nicht hinreichend; man muß ihm durch Bemühungen nachhelfen. Jemanden zu verbinden, kostet oft wenig und hilft viel. Mit Worten erkauft man Taten. In diesem großen Hause der Welt ist kein so unwürdiges Gerät, daß man es nicht wenigstens einmal im Jahre nötig haben sollte, und dann wird man es, so wenig es auch wert sein mag, sehr vermissen. Jeder redet von einem Gegenstand gemäß seiner Neigung.

227

Nicht dem ersten Eindruck angehören. Einige vermählen sich gleichsam mit dem ersten Bericht, der ihnen zu Ohren kommt, so daß alle folgenden nur noch Konkubinen werden können. Da nun aber die Lüge allezeit vorauseilt, so findet nachher die Wahrheit keinen Raum. Weder darf unsern Willen der erste Gegenstand, noch unsern Verstand der erste Bericht einnehmen: denn das ist Geisteskleinheit. Manche sind wie neue Gefäße, welche von der ersten Flüssigkeit, sie sei gut oder schlecht, den Geruch behalten. Wird diese Kleinheit des Geistes nun gar bekannt, so ist sie verderblich; denn jetzt wird sie ein Spielraum boshafter Absichtlichkeit: Schlechtgesinnte beeilen sich, den Leichtgläubigen mit ihrer Farbe zu erfüllen. Immer soll Raum bleiben für die zweite Untersuchung. Alexander bewahrte stets ein Ohr für die andere Partei auf. Es bleibe Raum für den zweiten und auch für den dritten Bericht. Das leichte Annehmen des Eindrucks zeugt von geringer Fähigkeit und ist nicht fern von der Leidenschaftlichkeit.

228

Kein Lästermaul sein, noch weniger dafür gelten; denn das heißt, den Ruf eines Rufverderbers haben. Man sei nicht witzig auf fremde Kosten, welches weniger schwer als verhaßt ist. Alle rächen sich an einem solchen dadurch, daß auch sie schlecht von ihm reden; da nun aber ihrer viele sind und er allein, so wird er eher überwunden, als sie überführt sein. Das

Schlechte soll nie unsere Freude und daher nicht unser Thema sein. Der Verleumder bleibt ewig verhaßt; und sollte auch dann und wann ein Großer mit ihm reden, so wird es mehr geschehen, weil ihm sein Spott Spaß macht, als weil er seine Klugheit schätzt. Auch wird, wer Schlechtes spricht, stets noch Schlechteres hören müssen.

229

Sein Leben verständig einzuteilen verstehen; nicht wie es die Gelegenheit bringt, sondern mit Vorhersicht und Auswahl. Ohne Erholungen ist es mühselig, wie eine lange Reise ohne Gasthöfe; mannigfaltige Kenntnisse machen es genußreich. Die erste Tagereise des schönen Lebens verwende man zur Unterhaltung mit den Toten: wir leben, um zu erkennen und um uns selbst zu erkennen; also machen wahrhafte Bücher uns zu Menschen. Die zweite Tagereise bringe man mit den Lebenden zu, indem man alles Gute auf der Welt sieht und anmerkt: in einem Lande ist nicht alles zu finden; der Vater der Welt hat seine Gaben verteilt und bisweilen gerade dic Häßliche am reichsten ausgestattet. Die dritte Tagereise hindurch gehöre man ganz sich selber an: das letzte Glück ist, zu philosophieren.

230

Die Augen beizeiten öffnen. Nicht alle, welche sehen, haben die Augen offen; und nicht alle, welche um sich blicken, sehen. Zu spät hinter die Sachen kommen, schafft keine Abhilfe, wohl aber Betrübnis. Einige fangen erst an zu sehen, wenn nichts mehr zu sehen da ist, indem sie Haus und Hof zugrunde richteten, ehe sie selbst zu Menschen wurden. Es ist schwer, dem Verstand beizubringen, der keinen Willen hat, und noch schwerer dem Willen, der keinen Verstand. Die sie umgeben, spielen mit ihnen wie mit Blinden, zum Gelächter der übrigen; und weil sie taub zum Hören sind, öffnen sie auch nicht die Augen zum Sehen. Auch fehlt es nicht an solchen, welche jenen Sinnenschlummer unterhalten, weil ihre Existenz darauf beruht, daß jene nicht seien. Unglückliches Pferd, dessen Herr keine Augen hat! Es wird schwerlich fett werden.

231

Nie seine Sachen sehen lassen, wenn sie erst halb fertig sind; in ihrer Vollendung wollen sie genossen sein. Alle Anfänge sind ungestalt, und nachher bleibt diese Mißgestalt in der Einbildungskraft zurück. Die Erinnerung, etwas im Zustande der Unvollkommenheit gesehen zu haben, verdirbt den Genuß, wenn es vollendet ist. Einen großen Gegenstand mit einem Male zu genießen, verwirrt zwar das Urteil über die einzelnen Teile, ist aber doch allein dem Geschmack angemessen. Ehe eine Sache alles ist, ist sie nichts, und indem sie zu sein anfängt, steckt sie noch tief in jenem, ihrem Nichts. Deshalb verhüte jeder große Meister, daß man seine Werke im Embryonenzustand sehe; von der Natur selbst nehme er die Lehre an, sie nicht eher ans Licht zu bringen, als bis sie sich sehen lassen können.

232

Einen ganz kleinen kaufmännischen Anstrich haben. Nicht alles sei Beschaulichkeit, auch Handlung muß dabei sein. Sehr weise Leute sind meistens leicht zu betrügen: obgleich sie das Außerordentliche wissen, so sind sie mit dem Alltäglichen des Lebens unbekannt, welches doch notwendiger ist. Die Betrachtung erhabener Dinge läßt ihnen für die des täglichen Treibens keine Zeit. Da sie nun das erste, was sie wissen sollten und was allen aufs Haar bekannt ist, nicht wissen, so werden sie entweder bewundert, oder von der oberflächlichen Menge für unwissend gehalten. Daher trage der kluge Mann Sorge, etwas vom Kaufmann an sich zu haben, gerade soviel wie hinreicht, um nicht betrogen oder sogar ausgelacht zu werden. Er sei ein Mann auch fürs tägliche Tun und Treiben, welches zwar nicht das Höchste, aber doch das Notwendigste im Leben ist. Wozu dient das Wissen, wenn es nicht praktisch ist? Und zu leben verstehen, ist heutzutage das wahre Wissen.

233

Den fremden Geschmack nicht verfehlen, sonst macht man ihm statt eines Vergnügens einen Verdruß. Einige erregen, indem sie eine Verbindlichkeit erzeigen wollen, Mißfallen, weil sie die verschiedenen Sinnesarten nicht begreifen. Manches ist dem einen eine Schmeichelei, dem anderen eine Kränkung; und manches, was eine Artigkeit sein sollte, war eine Beleidigung. Oft hat es mehr gekostet, jemandem Mißvergnügen zu bereiten, als es gekostet haben würde, ihm Vergnügen zu machen; man verliert alsdann den Dank und das Geschick, weil man den Leitstern zum fremden Wohlgefallen verloren hatte. Werden Sinn des andern nicht kennt, wird ihn schwerlich befriedigen. Daher auch kam es, daß mancher ein Lob zu äußern vermeinte und einen Tadel aussprach, zu seiner wohlverdienten Strafe. Andere wieder glauben, durch ihre Beredsamkeit zu unterhalten, und martern den Geist durch ihre Geschwätzigkeit.

234

Nie die Ehre jemandem in die Hände geben, ohne die seinige zum Unterpfand zu haben. Man muß so gehen, daß der beiderseitige Vorteil im Schweigen, der Schaden in der Mitteilung liege. Wo die Ehre im Spiel ist, muß stets der Handel ganz gemeinschaftlich sein, so daß jeder von beiden für die Ehre des anderen, seiner eigenen Ehre wegen, Sorge tragen muß. Nie soll man die Ehre dem anderen anvertrauen; geschieht es dennoch einmal, so sei es so künstlich angelegt, daß hier wirklich die Klugheit der Vorsicht weichen konnte. Die Gefahr sei gemeinsam und der Fall gegenseitig, damit nicht etwa der zu einem Zeugen werde, der sich bewußt ist, Teilhaber zu sein.

235

Zu bitten verstehen. Bei einigen ist nichts schwerer, bei andern nichts leichter. Denn es gibt Leute, die nichts abzuschlagen imstande sind; bei solchen ist kein Dietrich vonnöten. Allein es gibt andere, deren erstes Wort, zu allen Stunden, Nein ist; bei diesen bedarf es der Geschicklichkeit, bei allen aber der gelegenen Zeit. Man überrasche sie bei fröhlicher Laune, wenn die vorhergegangene Mahlzeit des Leibes oder des Geistes sie aufgeheitert hat; nur daß nicht etwas schon ihre kluge Vorhersicht der Schlauheit des Versuchenden zuvorgekommen sei. Die Tage der Freude sind die der Gunst, da jene aus dem Innern ins Äußere überströmt. Man trete nicht heran, wenn man eben einen andern abgewiesen sah: denn nun ist die Scheu vor dem Nein schon abgeworfen. Nach traurigen Ereignissen ist keine gute Gelegenheit. Den andern zum voraus verbinden, ist ein Austausch, wo man es nicht mit gemeinen Seelen zu tun hat.

236

Eine vorhergängige Verpflichtung aus dem machen, was nachher Lohn gewesen wäre. Dies ist eine Geschicklichkeit sehr kluger Köpfe; die Gunst, vor dem Verdienst erzeigt, beweist einen Mann, der Gefühl für Verpflichtungen hat. Die so zum voraus erwiesene Gunst hat zwei große Vorzüge: die Schnelligkeit des Gebers verpflichtet den Empfänger um so stärker, und dieselbe Gabe, welche nachmals Schuldigkeit wäre, wird, zum voraus erteilt, zur Verbindlichkeit des andern. Dies ist eine sehr feine Weise, die Verpflichtungen zu vertauschen: die Verpflichtung des ersteren zum Belohnen jetzt in die des Verbundenen zum Leisten verwandeln. Jedoch ist dies nur zu verstehen von Leuten, welche Gefühl für Verpflichtungen haben; denn für niedrige Gemüter würde der zum voraus erteilte Ehrensold mehr ein Zaum als ein Sporn sein.

237

Nie um die Geheimnisse der Höheren wissen. Man glaubt Kirschen mit ihnen zu essen, wird aber nur die Steine erhalten. Vielen gereicht es zum Verderben, daß sie Vertraute waren; sie gleichen einem Löffel aus Brot und laufen nachher dieselbe Gefahr wie dieser. Die Mitteilung eines Geheimnisses von seiten des Fürsten ist keine Gunst, sondern ein Drang seines Herzens. Schon viele zerbrachen den Spiegel, weil er sie an ihre Häßlichkeit erinnerte. Wir mögen den nicht sehen, der uns hat sehen können, und der ist nicht gern gesehen, der etwas Schlechtes von uns sah. Keiner darf uns gar zu sehr verpflichtet sein, am wenigsten ein Mächtiger, und dann noch eher durch etwas Gutes, das wir ihm erzeigt, als durch Begünstigungen dieser Art. Besonders gefährlich sind freundschaftlich anvertraute Heimlichkeiten. Wer dem andern sein Geheimnis mitteilt, macht sich zu dessen Sklaven; einem Fürsten ist dies ein gewaltsamer Zustand, der nicht dauern kann: er wird seine verlorene Freiheit wiedererlangen wollen, und um das zu erreichen, wird er alles mit Füßen treten, selbst Recht und Vernunft. Also Geheimnisse soll man weder hören noch sagen.

238

Wissen, welche Eigenschaft uns fehlt. Viele wären ganze Leute, wenn ihnen nicht etwas abginge, ohne welches sie nie zum Gipfel der Vollkommenheit gelangen können. An einigen ist es bemerkbar, daß sie sehr viel sein könnten, wenn sie sich in einer Kleinigkeit besserten; so etwa fehlt es ihnen an Ernst, was große Fähigkeiten verdunkeln kann; andern geht die Freundlichkeit des Wesens ab; eine Eigenschaft, welche ihre nächste Umgebung bald vermissen wird, zumal wenn sie Leute im Amt sind. Andern wieder fehlt es an Tatkraft, noch andern an Mäßigung. Allen diesen Übelständen würde leicht abzuhelfen sein, wenn man sie nur selbst bemerkte; denn Sorgfalt kann aus der Gewohnheit eine zweite Natur machen.

239

Nicht spitzfindig sein, sondern klug, woran mehr gelegen. Wer mehr weiß, als erfordert ist, gleicht einer zu feinen Spitze, dergleichen gewöhnlich abbricht. Ausgemachte Wahrheit gibt mehr Sicherheit. Es ist gut, Verstand zu haben, aber nicht, ein Schwätzer zu sein. Weitläufige Erörterungen sind schon dem Streite verwandt. Besser ist ein guter solider Kopf, der nicht mehr denkt, als die Sache mit sich bringt.

240

Von der Dummheit Gebrauch zu machen verstehen. Der größte Weise spielt bisweilen diese als Karte aus, und es gibt Gelegenheiten, wo das beste Wissen darin besteht, daß man nicht zu wissen scheine. Man soll nicht unwissend sein, wohl aber es zu sein affektieren. Bei den Dummen weise und bei den Narren gescheit sein, wird wenig helfen. Man rede also zu jedem seine Sprache. Nicht der ist dumm, der Dummheit affektiert, sondern der, welcher an ihr leidet; die aufrichtige, nicht die falsche Dummheit ist die wirkliche, da die Geschicklichkeit es schon soweit getrieben hat. Das einzige Mittel, beliebt zu sein, ist, daß man sich mit der Haut des einfältigsten der Tiere bekleide.

241

Neckereien dulden, jedoch nicht ausüben. Jenes ist eine Art Höflichkeit; dieses kann in Verwicklungen bringen. Wer am Feiertage verdrießlich wird, hat viel Bestialisches und zeigt noch mehr. Die kühne Neckerei ist ergötzlich; sie ertragen zu können, beweist, daß man Kopf hat. Wer sich darüber gereizt zeigt, gibt Anlaß, daß der andere ebenfalls gereizt werde. Das beste ist also, sich der Neckerei nicht anzunehmen, und das sicherste, sie nicht einmal zu bemerken. Stets sind die ernstlichsten Händel aus Scherzen hervorgegangen. Es gibt daher nichts, was mehr Aufmerksamkeit und Geschicklichkeit erforderte; ehe man zu scherzen anfängt, sollte man schon wissen, bis zu welchem Punkte die Gemütsart dessen, den es betrifft, es dulden wird.

242

Den günstigen Erfolg weiterführen. Einige verwenden alle ihre Kraft auf den Anfang und vollenden nichts. Sie erfinden, aber führen nicht aus. Dies ist Wankelmut des Geistes. Auch erlangen sie keinen Ruhm, weil sie nicht verfolgen, sondern alles ins Stocken geraten lassen. Allerdings entspringt dies bei einigen aus Ungeduld, welche der Makel der Spanier ist, wie hingegen Geduld der Vorzug der Belgier. Diese werden mit den Dingen fertig, mit jenen die Dinge. Bis die Schwierigkeit überwunden ist, verwenden sie allen Schweiß darauf, sind aber dann mit ihrem Siege zufrieden und verstehen nicht, ihn zu Ende zu führen: sie beweisen, daß sie es könnten, aber nicht wollen; dies liegt denn aber doch am Unvermögen oder Leichtsinn. Ist das Unternehmen gut, warum wird es nicht vollendet? Ist es schlecht, warum ward es angefangen? Der Kluge erlege sein Wild und begnüge sich nicht damit, es aufgejagt zu haben.

243

Nicht gänzlich eine Taubennatur haben, sondern schlau wie die Schlange und ohne Falsch wie die Taube sein. Nichts ist leichter, als einen redlichen Mann zu hintergehen. Viel glaubt, wer nie lügt, und viel traut, wer nie täuscht. Es entspringt nicht allemal aus Dummheit, daß man betrogen wird; sondern bisweilen aus Güte. Zwei Arten von Leuten wissen sich gut vor Schaden zu hüten: die Erfahrenen, gar sehr auf ihre Kosten; und die Verschmitzten, gar sehr auf fremde. Die Klugheit gehe eben so weit im Argwohn als die Verschmitztheit im Fallestellen, und keiner wolle in dem Maße redlich sein, daß er den andern Gelegenheit gebe, unredlich zu sein. Man vereinige in sich die Taube und die Schlange, nicht als ein Ungeheuer, sondern vielmehr als ein Wunder.

244

Zu verpflichten verstehen. Manche verwandeln ihre eigene Verpflichtung in die des andern, und wissen der Sache den Schein oder doch verstehen zu geben, daß sie eine Gunst erzeigen, während sie eine empfangen. Aus ihrem eigenen Vorteil machen sie eine Ehre für den andern und lenken die Sachen so geschickt, daß es aussieht, als leisteten sie den andern einen Dienst, indem sie sich von ihm beschenken lassen. Mit dieser sonderbaren Schlauheit versetzen sie die Ordnung der Verbindlichkeiten oder machen es wenigstens zweifelhaft, wer dem andern eine Gunst erzeigt. Das Schönste und Beste kaufen sie für bloße Lobeserhebungen, und aus dem Wohlgefallen, welches sie an einer Sache äußern, machen sie eine schmeichelhafte Ehre. So legen sie der Höflichkeit Verpflichtungen auf und machen eine Schuldigkeit aus dem, wofür sie sehr dankbar sein sollten. Dergestalt verwandeln sie das Passive der Verbindlichkeit in das Aktive, worin sie bessere Politiker als Grammatiker sind. Das ist eine große Feinheit; allein eine größere wäre, das Ding zu verstehen und solchen Narrenhandel wieder rückgängig zu machen, indem man ihnen ihre erzeigte Ehre wieder zustellt und dafür seinerseits auch wieder zu dem Seinigen gelangte.

245

Originelle und vom Gewöhnlichen abweichende Gedanken äußern ist ein Zeichen eines überlegenen Geistes. Wir dürfen den nicht schätzen, der uns nie widerspricht; denn dadurch zeigt er keine Liebe zu uns, vielmehr zu sich. Man lasse sich nicht durch Schmeichelei täuschen und zahle für dieselbe, sondern man verwerfe sie. Auch rechne man es sich zur Ehre, von einigen getadelt zu werden, zumal von solchen, die von allem Trefflichen schlecht reden. Hingegen soll es uns betrüben, wenn unsere Sachen allen gefallen, weil es ein Zeichen ist, daß sie nichts taugen: denn das Vortreffliche ist für wenige.

246

Nie dem Rechenschaft geben, der sie nicht gefordert hat, und selbst wenn sie gefordert wird, ist es eine Art Vergehen, darin mehr als nötig zu tun. Sich, ehe Anlaß dazu da ist, entschuldigen, heißt sich anklagen; und sich bei voller Gesundheit zu Ader lassen, heißt dem Übel oder der Bosheit zuwinken. Die von selbst gemachte Entschuldigung weckt das schlafende Mißtrauen. Auch soll der Kluge einen fremden Verdacht nicht zu merken scheinen, denn das hieße die Beleidigung aufsuchen; sondern er soll denselben alsdann durch die Rechtlichkeit seines Tuns widerlegen.

247

Etwas mehr wissen und etwas weniger leben. Andere sagen es umgekehrt. Gute Muße ist besser als Geschäfte. Nichts gehört unser als nur die Zeit, in welcher selbst der lebt, der keine Wohnung hat. Es ist gleich unglücklich, das kostbare Leben mit mechanischen Arbeiten, oder mit einem Übermaß erhabener Beschäftigungen hinzubringen. Man überhäufe sich nicht mit Geschäften und mit Neid, sonst stürzt man sein Leben hinunter und erstickt den Geist. Einige wollen dies auch auf das Wissen ausdehnen; aber wer nichts weiß, der lebt auch nicht.

248

Der Letzte behalte bei uns nicht allemal recht. Es gibt Leute des letzten Berichts, deren Ungebührlichkeit aufs Äußerste geht. Ihr Denken und Wollen ist von Wachs: der Letzte drückt sein Siegel auf und verwischt die früheren. Diese sind nie gewonnen, weil man sie eben so leicht wieder verliert. Jeder färbt sie mit seiner Farbe. Zu Vertrauten taugen sie nicht, und ihr ganzes Leben bleiben sie Kinder. Zwischen diesem Wechsel des Meinens und Wollens hin und her geworfen, hinken sie stets am Willen und am Verstande und wanken von der einen zur anderen Seite.

249

Nicht sein Leben mit dem anfangen, womit man es zu beschließen hätte. Manche nehmen die Erholung am Anfang und lassen die Mühe für das Ende zurück; allein erst komme das Wesentliche, nachher, wenn Raum ist, die Nebendinge. Andere wollen triumphieren, ehe sie gekämpft haben. Wieder andere fangen damit an, das zu lernen, woran wenig gelegen ist, und schieben die Studien, von welchen sie Ehre und Nutzen hoffen, für das Ende ihres Lebens auf. Jener hat noch nicht einmal angefangen, sein Glück zu machen, und schon schwindelt ihm vor Dünkel der Kopf. Methode ist unerläßlich zum Wissen und zum Leben.

250

Wann hat man die Gedanken auf den Kopf zu stellen? Wenn verschmitzte Tücke redet. Bei einigen muß alles umgekehrt verstanden werden: ihr Ja ist Nein, ihr Nein Ja. Reden sie von einer Sache nachteilig, so bedeutet dies, daß sie solche hochschätzen; denn wer sie für sich haben will, setzt sie bei andern herab. Nicht jeder, der lobt, redet gut von der Sache, denn manche werden, um die Guten nicht zu loben, auch die Schlechten loben; für wen aber keiner schlecht ist, für den ist auch keiner gut.

251

Man wende die menschlichen Mittel an, als ob es keine göttlichen, und die göttlichen, als ob es keine menschlichen gäbe. Große Meisterregel, die keines Kommentars bedarf.

252

Weder ganz sich, noch ganz den andern angehören; denn beides ist eine niederträchtige Tyrannei. Daraus, daß einer sich ganz für sich allein besitzen will, folgt alsbald, daß er auch alle Dinge für sich allein haben will. Solche Leute wollen nicht in der geringsten Sache nachgeben, noch das mindeste von ihrer Bequemlichkeit opfern. Sie sind nicht verbindlich, sondern verlassen sich auf ihre Glücksumstände, welche Stütze jedoch unter ihnen zu brechen pflegt. Man muß bisweilen auch den andern angehören, damit sie wieder uns angehören. Wer aber ein öffentliches Amt hat, muß der öffentliche Sklave sein, oder: lege die Würde mit der Bürde nieder, würde die Alte des Hadrian sagen.* Im Gegenteil gibt es auch Leute, welche ganz den andern angehören; denn die Torheit geht stets ins Übertriebene, hier aber auf eine unglückliche Art. Diese haben keinen Tag und keine Stunde für sich, sondern gehören so sehr den andern an, daß einer schon der Diener aller genannt wurde. Dies erstreckt sich sogar auf den Verstand, indem sie für alle wissen und bloß für sich unwissend sind. Der Aufmerksame begreife, daß keiner ihn sucht, sondern jeder seinen Vorteil in ihm oder durch ihn.

253

Keinen allzudeutlichen Vortrag haben. Die meisten schätzen nicht, was sie verstehen; aber was sie nicht fassen können, verehren sie. Um geschätzt zu werden, müssen die Sachen Mühe kosten; daher wird gerühmt, wer nicht verstanden wird. Stets muß man weiser und klüger scheinen als gerade der, mit dem man zu tun hat, es nötig macht, um ihm

* Welche bekanntlich dem Kaiser, als er sie mit „Ich habe keine Zeit" abwies, zurief: „So sei kein Kaiser!"

eine hohe Meinung einzuflößen; jedoch nicht übertrieben, sondern verhältnismäßig. Und obgleich bei Leuten von Einsicht Sinn und Verstand allemal viel gilt, so ist doch bei den meisten Leuten einiger Aufputz vonnöten. Zum Tadeln müssen sie gar nicht kommen können, indem sie schon am Verstehen genug zu tun haben. Viele loben etwas, und fragt man sie, so haben sie keinen Grund anzuführen. Woher dies? Alles Tiefverborgene verehren sie als ein Mysterium und rühmen es, weil sie es rühmen hören.

254

Ein Übel nicht geringachten, weil es klein ist; denn nie kommt eines allein: sie sind verkettet, wie auch die Glücksfälle. Glück und Unglück gehen gewöhnlich dahin, wo schon das meiste ist. Dazu kommt, daß alle den Unglücklichen fliehen und sich dem Glücklichen anschließen, sogar die Tauben, bei aller ihrer Arglosigkeit, laufen nach dem weißesten Gerät. Einen Unglücklichen läßt alles im Stich, er sich selbst, die Gedanken, der Leitstern. Man wecke nicht das Unglück, wenn es schläft. Ein Ausgleiten ist wenig; jedoch kann dies unglückliche Fallen sich noch fortsetzen, und da weiß man nicht, wohin es endlich führen wird. Denn wie kein Gut in jeder Hinsicht vollkommen ist, so ist auch kein Übel je gänzlich vollendet. Für die, so vom Himmel kommen, ist uns die Geduld, für die, so von der Erde, die Klugheit verliehen.

255

Gutes zu erzeigen verstehen: wenig auf einmal, hingegen oft. Nie muß man dem andern so große Verbindlichkeiten auflegen, daß es unmöglich wäre, ihnen nachzukommen. Wer sehr vieles gibt, gibt nicht, sondern verkauft. Auch soll man nicht die vollständige Erkenntlichkeit verlangen; denn wenn der andere sieht, daß sie seine Kräfte übersteigt, wird er den Umgang abbrechen. Bei vielen ist, um sie zu verlieren, nichts weiter nötig, als sie übermäßig zu verpflichten; um ihre Schuld nicht abzutragen, ziehen sie sich zurück und werden aus Verpflichteten Feinde. Der Götze möchte nie den Bildhauer, der ihn gemacht hat, vor sich sehen; und ebenso ungern hat der Verpflichtete seinen Wohltäter vor Augen. Eine große Feinheit beim Geben besteht darin, daß es wenig koste und doch sehr ersehnt sei, wodurch es hoch angeschlagen wird.

256

Allzeit auf seiner Hut sein gegen Unhöfliche, Eigensinnige, Anmaßliche und Narren jeder Art. Man stößt auf viele, und die Klugheit besteht darin, nicht mit ihnen aneinanderzugeraten. Vor dem Spiegel seiner Überlegung waffne man sich jeden Tag mit Vorsätzen in dieser Hinsicht, so wird man die Gefahren, welche die Narrheit uns in den Weg legt, überwinden. Man denke reiflich darüber nach, und dann wird man sein Ansehen nicht gemeinen Zufälligkeiten bloßstellen. Ein mit Klugheit ausgerüsteter Mann wird von den Ungebührlichen nicht angefochten werden. Unser Weg im Umgang mit Menschen ist deshalb schwierig, weil er voller Klippen ist, an denen unser Ansehen scheitern kann. Das Sicherste ist, sich entfernt zu halten, die Schlauheit des Odysseus zum Vorbild nehmend. Vor großem Nutzen ist in Dingen dieser Art das erkünstelte Versehen; von der Höflichkeit unterstützt, hilft es uns über alles hinweg, wie es denn ein einziger Richtweg aus allen Verwicklungen ist.

257

Es nie zum Bruch kommen lassen, denn bei einem solchen kommt unser Ansehen allemal zu Schaden. Jeder ist als Feind von Bedeutung, wenngleich nicht als Freund. Gutes können wenige uns erweisen, Schlimmes fast alle. Im Busen des Jupiters selbst nistet sein Adler nicht sicher, von dem Tage an, wo er mit einem Käfer gebrochen hat. Mit der Klaue des erklärten Feindes schüren die heimlichen das Feuer an, indem sie nur auf die Gelegenheit gelauert hatten. Aus verdorbenen Freunden werden die schlimmsten Feinde. Mit den fremden Fehlern wollen sie in den Augen der Zuschauer ihre eigenen überdecken. Jeder redet, wie es ihm scheint, und es scheint ihm, wie er es wünscht. Alle sprechen uns schuldig, entweder weil es uns am Anfang an Vorhersicht oder am Ende an Geduld, immer aber, weil es uns an Klugheit gefehlt habe. — Ist jedoch eine Entfremdung nicht zu vermeiden, so sei sie zu entschuldigen und sei eher eine Lauheit der Freundschaft als ein Ausbruch der Wut: hier findet dann der bekannte Satz von einem schönen Rückzuge treffende Anwendung.

258

Man suche sich jemanden, der das Unglück tragen hilft. So wird man nie, zumal nicht bei Gefahren, allein sein und nicht den ganzen Haß auf sich laden. Einige vermeinen, die ganze Ehre der oberen Leitung allein davonzutragen, und tragen nachher die ganze öffentliche Unzufriedenheit davon. Auf die andere Art hingegen hat man jemanden, von dem man entschuldigt wird oder der das Schlimme tragen hilft. Weder das Geschick noch der große Haufe wagen sich so leicht an zwei; deshalb auch der schlaue Arzt, wenn er die Kur verfehlt hat, doch nicht verfehlt, sich einen andern zu suchen, der unter den Namen einer Konsultation ihm hilft, den Sarg hinauszuschaffen. Man teile mit einem Gefährten Bürden und Betrübnisse, denn dem, der allein steht, fällt das Unglück doppelt unerträglich.

259

Den Beleidigungen zuvorkommen und sie in Artigkeiten verwandeln. Es ist schlauer, sie zu vermeiden, als sie zu rächen. Eine ungemeine Geschicklichkeit ist es, einen Vertrauten aus dem zu machen, der ein Nebenbuhler werden sollte, oder Schutzwehren seiner Ehre aus denen, von welchen Angriffe auf dieselbe drohten. Viel tut hinzu, daß man Verbindlichkeiten zu erzeigen wisse, denn schon die Zeit zu Beleidigungen nimmt der weg, welcher veranlaßt, daß Danksagungen sie ausfüllen. Das heißt zu leben wissen, wenn man das, was Verdruß werden sollte, zu Annehmlichkeiten umschafft. Aus dem Mißwollen selbst mache man einen vertraulichen Umgang.

260

Keinem werden wir, und keiner uns ganz angehören: dazu ist weder Verwandtschaft, noch Freundschaft, noch die dringendste Verbindlichkeit hinreichend. Denn sein ganzes Zutrauen, oder seine Neigung schenken, sind zwei weit verschiedene Dinge. Auch die engste Verbindung läßt immer noch Ausnahmen zu, ohne daß deshalb die Gesetze der Freundschaft verletzt wären. Immer behält sich der Freund irgendein Geheimnis vor, und in irgend etwas verbirgt sogar der Sohn sich vor dem Vater. Gewisse Dinge verhehlt man dem einen und teilt sie dem andern mit, und wieder umgekehrt, wodurch man dahin gelangt, daß man alles mitteilt und alles zurückbehält, nur stets mit Unterschied der entsprechenden Personen.

261

Nicht seine Torheit fortsetzen. Manche machen aus einem mißlungenen Unternehmen eine Verpflichtung, und weil sie einen Irrweg eingeschlagen haben, meinen sie, es sei Charakterstärke, darauf weiter zu gehen. Innerlich klagen sie ihren Irrtum an, aber äußerlich entschuldigen sie ihn. Dadurch geschieht es, daß, wenn sie beim Beginn der Torheit als unüberlegt getadelt wurden, sie beim Verfolgen derselben als Narren bestätigt werden. Weder das unüberlegte Versprechen, noch der irrige Entschluß legen Verbindlichkeit auf. Allein auf jene Weise setzen einige ihre erste Tölpelei fort und wollen beharrliche Querköpfe sein.

262

Vergessen können: es ist mehr ein Glück als eine Kunst. Der Dinge, welche am ehesten fürs Vergessen geeignet sind, erinnern wir uns am besten. Das Gedächtnis ist nicht allein widerspenstig, indem es uns verläßt, wenn wir es am meisten nötig haben, sondern auch töricht, indem es angelaufen kommt, wenn es sich gar nicht paßt. In allem, was uns Pein verursacht, ist es ausführlich, aber in dem, was uns ergötzen könnte, nachlässig. Oft besteht das einzige Heilmittel unserer Schmerzen im Vergessen; aber wir vergessen das Heilmittel. Man muß jedoch seinem Gedächtnis bequeme Gewohnheiten beibringen, denn es reicht hin, Seligkeit oder Hölle zu schaffen. Auszunehmen sind hier die Zufriedenen, welche im Stande ihrer Unschuld ihre einfältige Glückseligkeit genießen.

263

Manche Dinge muß man nicht eigentümlich besitzen. Man genießt sie besser als fremde denn als eigene: ihr Gutes ist den ersten Tag für den Besitzer, alle folgenden für die andern. Fremde Sachen genießt man doppelt, nämlich ohne die Sorge wegen der Beschädigung, und dann mit dem Reiz der Neuheit. Alles schmeckt besser nach dem Entbehren: sogar das fremde Wasser scheint Nektar. Der Besitz der Dinge vermindert nicht nur unsern Genuß, sondern er vermehrt auch unsern Verdruß, sowohl beim Ausleihen als beim Nichtausleihen: man hat nichts davon, als daß man die Sachen für andere unterhält, wobei man sich mehr Feinde macht als Erkenntliche.

264

Keine Tage der Nachlässigkeit haben. Das Schicksal gefällt sich darin, uns einen Possen zu spielen, und wird alle Zufälle zu Haufen bringen, um uns unversehens zu fangen. Stets zur Probe bereit muß der Kopf, die Klugheit und die Tapferkeit sein, sogar auch die Schönheit; denn der Tag ihres sorglosen Vertrauens wird der Sturz ihres Ansehens sein. Wenn die Aufmerksamkeit am nötigsten ist, fehlt sie jedesmal, denn das Nichtdenken ist das Beinstellen zu unserem Verderben. Zudem pflegt es eine Kriegslist feindlicher Absichten zu sein, daß sie die Vollkommenheiten, wenn sie unbesorgt sind, zur strengen Prüfung ihres Wertes zieht. Die Tage der Parade kennt man schon, daher läßt die List sie vorübergehen; aber den Tag, wo man es am wenigsten erwartete, wählt sie aus, um den Wert auf die Probe zu stellen.

265

Seine Untergebenen in die Notwendigkeit des Handelns zu versetzen verstehen. Eine durch die Umstände herbeigeführte Notwendigkeit zu handeln, hat manche mit einem Male zu ganzen Leuten gemacht, wie die Gefahr zu ertrinken Schwimmer. Auf diese Weise haben viele ihre eigene Tapferkeit, ja sogar ihre Kenntnis und Einsicht entdeckt, welche, ohne solchen Anlaß, unter ihrem Kleinmut begraben geblieben wäre. Die Gefahren sind die Gelegenheiten, sich einen Namen zu gründen, und sieht ein Edler seine Ehre auf dem Spiel, wird er für tausend wirksam sein. Obige Lebensregel verstand, wie auch alle übrigen, aus dem Grunde die Königin Isabella die Katholische, und einer klugen Begünstigung dieser Art von ihr verdankt der große Feldherr seinen Ruf und viele andere ihren unsterblichen Ruhm. Durch diese Feinheit hat sie große Männer gemacht.

266

Nicht aus lauter Güte schlecht sein; der ist es, welcher sich nie erzürnt. Diese unempfindlichen Menschen verdienen kaum, für Leute (personas) zu gelten. Es entsteht nicht immer aus Trägheit, sondern oft aus Unfähigkeit. Eine Empfindlichkeit bei gehörigem Anlaß ist ein Akt der Persönlichkeit: die Vögel machen sich bald über den Strohmann lustig. Das Süße mit dem Sauern abwechseln lassen, beweist einen guten Geschmack. Das Süße ganz allein ist für Kinder und Narren. Es ist sehr übel, wenn man aus lauter Güte in solche Gefühllosigkeit versinkt.

267

Seidene Worte und freundliche Sanftmut. Pfeile durchbohren den Leib, aber böse Worte die Seele. Ein wohlriechender Teig verursacht einen angenehmen Atem. Es ist eine große Lebensklugheit, es zu verstehen, die Luft zu verkaufen. Das meiste wird mit Worten bezahlt, und mittels ihrer kann man Unmöglichkeiten durchsetzen. So treibt man in der Luft Handel mit der Luft, und der königliche Atem vermag Mut und Kraft einzuflößen. Allezeit habe man den Mund voll Zucker, um seine Worte damit zu versüßen, so daß sie selbst dem Feinde wohlschmecken. Um liebenswürdig zu sein, ist das Hauptmittel friedfertig zu sein.

268

Der Kluge tue gleich anfangs, was der Dumme erst am Ende. Der eine und der andere tut dasselbe, nur in der Zeit liegt der Unterschied: jener tut es zur rechten, dieser zur unrechten. Wer sich einmal von Haus aus den Verstand verkehrt angezogen hat, fährt nun immer so fort; was er auf den Kopf setzen sollte, trägt er an den Füßen, aus dem Linken macht er das Rechte und ist so ferner in allem seinem Tun linkisch. Nur eine gute Art auf den rechten Weg zu kommen gibt es für ihn: wenn er nämlich gezwungen tut, was er hätte freiwillig tun können. Der Kluge dagegen sieht gleich, was früh oder spät geschehen muß, und da führt er es gern willig und mit Ehren aus.

269

Sich sein Neusein zunutze machen; denn solange jemand noch neu ist, ist er geschätzt. Das Neue gefällt, der Abwechslung wegen, allgemein; der Geschmack erfrischt sich daran, und eine funkelnagelneue Mittelmäßigkeit wird höher geschätzt als ein schon gewohntes Vortreffliches. Das Ausgezeichnete nutzt sich ab und wird allmählich alt. Jedoch soll man wissen, daß jene Glorie der Neuheit von kurzer Dauer sein wird: nach vier Tagen wird die Hochachtung sich schon verlieren. Deshalb verstehe man, sich diese Erstlinge der Wertschätzung zunutze zu machen und ergreife auf dieser schnellen Flucht des Beifalls alles, wonach man füglich trachten kann. Denn ist einmal die Hitze der Neuheit vorüber, so kühlt sich die Leidenschaft ab; dann muß die Begünstigung des Neuen gegen den Überdruß am Gewöhnlichen vertuscht werden, und man glaube nur, daß alles ebenso seine Zeit gehabt hat, welche vorüberging.

270

Was vielen gefällt, nicht allein verwerfen. Etwas Gutes muß daran sein, da es so vielen genügt, und läßt es sich auch nicht erklären, so wird es doch genossen. Die Absonderung ist stets verhaßt und, wenn irrtümlich, lächerlich. Man wird eher dem Ansehen seiner Auffassungsgabe als dem des Gegenstandes schaden, und dann bleibt man mit seinem schlechten Geschmack allein. Kann man das Gute nicht herausfinden, so verhehle man seine Unfähigkeit und verdamme die Sache nicht schlechthin. Gewöhnlich entspringt der schlechte Geschmack aus Unwissenheit. Was alle sagen, ist, oder will doch sein.

271

In jedem Fache halte sich, wer wenig weiß, stets an das Sicherste; wird er dann auch nicht für fein, so wird er doch für gründlich gelten. Wer hingegen unterrichtet ist, kann sich einlassen und nach Gutdünken handeln. Allein wenig wissen und sich doch in Gefahr begeben, heißt freiwillig sein Verderben suchen. Vielmehr halte man sich alsdann immer zur rechten Hand, denn das Ausgemachte kann nicht fehlen. Für geringe Kenntnisse ist die Heerstraße; und in allen Fällen, sei man kundig oder unkundig, ist die Sicherheit immer klüger als die Absonderung.

272

Die Sachen um den Höflichkeitspreis verkaufen, dadurch verpflichtet man am meisten. Nie wird die Forderung des Interessierten der Gabe des edelmütigen Verpflichteten gleichkommen. Die Höflichkeit schenkt nicht, sondern legt eine Verpflichtung auf, und die edle Sitte ist die größte Verpflichtung. Für den rechtlichen Mann ist keine Sache teurer als die, welche man ihm schenkt; man verkauft sie ihm dadurch zweimal und für zwei Preise, den des Wertes und den der Höflichkeit. Inzwischen ist es wahr, daß für den Niedrigdenkenden die edle Sitte Kauderwelsch ist, denn er versteht die Sprache des guten Vernehmens nicht.

273

Die Gemütsarten derer, mit denen man zu tun hat, begreifen, um ihre Absichten zu ergründen. Denn ist die Ursache richtig erkannt, so ist es auch die Wirkung, erstlich aus jener, sodann aus dem Motiv. Der Melancholische sieht stets Unglücksfälle, der Boshafte Verbrechen voraus; denn immer stellt sich ihnen das Schlimmste dar, und da sie des gegenwärtigen Guten nicht inne werden, so verkünden sie das mögliche Übel vorher. Der Leidenschaftliche redet stets eine fremde Sprache, die von dem, was die Dinge sind, abweicht; aus ihm spricht die Leidenschaft, nicht die Vernunft. So redet jeder gemäß seinem Affekt oder seiner Laune, und alle gar fern von der Wahrheit. Man lerne ein Gesicht entziffern und aus den Zügen die Seele herausbuchstabieren. Man erkenne in dem, der immer lacht, einen Narren, in dem, der nie lacht, einen Falschen. Man hüte sich vor dem Frager, weil er leichtsinnig oder ein Späher ist. Wenig Gutes erwarte man von den Mißgestalteten; denn diese pflegen sich an der Natur zu rächen, und wie sie ihnen wenig Ehre erzeigte, so ist ihre keine. So groß wie die Schönheit eines Menschen pflegt seine Dummheit zu sein.

274

Anziehungskraft besitzen – sie ist ein Zauber kluger Höflichkeit. Man benutze diesen Magnet seiner angenehmen Eigenschaften mehr zur Erwerbung der Zuneigung als wirklicher Vorteile, doch auch zu allem. Verdienste reichen nicht aus, wenn sie nicht von der Gunst unterstützt werden, welche es eigentlich ist, die den Beifall verleiht. Das wirksamste Werkzeug der Herrschaft über andere, das Im-Schwungesein, ist Sache des Glücks, doch läßt es sich durch Kunst befördern; denn wo ausgezeichnete natürliche Anlagen sind, faßt das Künstliche besser Wurzel. Durch jenes nun gewinnt man die Herzen, und allmählich kommt man in den Besitz der allgemeinen Gunst.

275

Mitmachen, soweit es der Anstand erlaubt. Man mache sich nicht immer wichtig und widerwärtig, dies gehört zur edlen Sitte. Etwas kann man sich von seiner Würde vergeben, um die allgemeine Zuneigung zu gewinnen. Man lasse sich zuweilen das gefallen, was die meisten sich gefallen lassen, jedoch ohne Unanständigkeit. Denn wer öffentlich für einen Narren gilt, wird nicht im stillen für gescheit gehalten werden. An einem Tag der Lustigkeit kann man mehr verlieren, als man an allen Tagen der Ehrbarkeit gewonnen hat. Jedoch soll man auch nicht sich immer ausschließen; denn durch Absonderung verurteilt man die übrigen. Noch weniger darf man Ziererei affektieren: diese überlasse man dem Geschlecht, welchem sie eigen ist, sogar die religiöse Ziererei ist lächerlich. Dem Mann steht nichts besser an, als daß er ein Mann scheine; das Weib kann das Männliche als eine Vollkommenheit affektieren — nicht so umgekehrt.

276

Seinen Geist mit Hilfe der Natur und Kunst zu erneuern verstehen. Man sagt, daß von sieben zu sieben Jahren die Gemütsart sich ändert — nun so sei es ein Verbessern und Veredeln seines Geschmacks. Nach den ersten sieben Jahren tritt die Vernunft ein; so möge nachher mit jedem Stufenjahr eine neue Vollkommenheit hinzukommen. Man beobachte diesen natürlichen Wechsel, um ihm nachzuhelfen, und hoffe auch an andern eine Verbesserung. Hieraus entspringt es, daß viele mit dem Stande oder Amt auch ihr Betragen geändert haben. Bisweilen wird man es nicht eher gewahr, als bis es im höchsten Grade hervortritt. Mit zwanzig Jahren ist der Mensch ein Pfau; mit dreißig ein Löwe; mit vierzig ein Kamel; mit fünfzig ein Schlange, mit sechzig ein Hund; mit siebzig ein Affe; mit achtzig — nichts.

277

Zu prunken verstehen. Es ist die Glanzbeleuchtung der Talente. Für jedes derselben kommt eine günstige Zeit: die benutze man, denn nicht jeder Tag wird der des Triumphes sein. Es gibt Prachtmenschen, in welchen schon das Geringe sehr, das Bedeutende zum Erstaunen glänzt. Gesellt sich zu ausgezeichneten Gaben die Fähigkeit, damit zu prunken, so erlangen sie den Ruf eines Wunders. Es gibt prunkende Nationen, und die spanische ist es im höchsten Grad. Erst das Licht ließ die Pracht der Schöpfung hervortreten. Das Prunken füllt vieles aus, ersetzt vieles, und gibt allem ein zweites Dasein, zumal wenn es sich auf wirklichen Gehalt stützt. Der Himmel, welcher die Vollkommenheiten verleiht, versieht sie auch mit dem Hange, zu prunken; denn jedes von beiden allein würde unpassend sein. Es gehört Kunst zum Prunken. Sogar das Vortrefflichste hängt von Umständen ab und hat nicht immer seinen Tag. Das Prunken gerät schlecht, wenn es zur Unzeit kommt; mehr als jeder andere Vorzug muß es frei von Affektation sein, an welchem Übelstande es allemal scheitert, weil es nahe an die Eitelkeit grenzt und diese an das Verächtliche. Es muß sehr gemäßigt sein, damit es nicht gemein werde, und sein Übermaß steht bei den Klugen schlecht angeschrieben. Bisweilen besteht es mehr in einer stummen Beredsamkeit, indem man gleichsam nur aus Nachlässigkeit seine Vollkommenheiten zum Vorschein kommen läßt; denn das kluge Verhehlen derselben ist das wirksamste Paradieren damit, da man eben durch solches Entziehen die Neugierde am lebhaftesten anreizt. Sehr geschickt auch ist es, nicht die ganze Vollkommenheit mit einem Male aufzudecken, sondern nur einzelne Proben davon verstohlenen Blicken preiszugeben, und dann immer mehr. Jede glänzende Leistung muß das Unterpfand einer größeren sein, und im Beifall der ersten schon die Erwartung der folgenden liegen.

278

A b z e i c h e n j e d e r A r t v e r m e i d e n, denn die Vorzüge selbst werden zu Fehlern, sobald sie zur Bezeichnung dienen. Die Abzeichen entstehen aus Sonderbarkeit, welche stets getadelt wird; man läßt den Sonderling allein. Sogar die Schönheit, wenn sie überschwenglich wird, schadet unserm Ansehen;

denn indem sie die Augen auf sich zieht, beleidigt sie; wievielmehr werden Sonderbarkeiten, die schon an sich in schlechtem Ruf stehen, nachteilig wirken. Dennoch wollen einige sogar durch Laster allgemein bekannt sein; sie suchen in der Verworfenheit die Auszeichnung, um einer so ehrlosen Ehre teilhaft zu werden. Selbst in der Einsicht kann das Übermaß in Geschwätz ausarten.

279

Dem Widersprecher nicht widersprechen. Man muß unterscheiden, ob der Widerspruch aus List oder aus Gemeinheit entspringt. Es ist nicht immer Eigensinn, sondern bisweilen ein Kunstgriff. (Vgl. 213.) Dann sei man aufmerksam, sich im ersteren Fall nicht in Verwicklungen, im andern nicht ins Verderben ziehen zu lassen. Keine Sorgfalt ist besser angewandt als die gegen Spione. Gegen die Dietriche der Seelen ist die beste Gegenlist, den Schlüssel der Vorsicht inwendig stecken zu lassen.

280

Ein Biedermann sein. Mit dem redlichen Verfahren ist es zu Ende. Verpflichtungen werden nicht anerkannt, ein gegenseitiges lobenswertes Benehmen findet sich selten, vielmehr erhält der beste Dienst den schlimmsten Lohn, und so ist heutzutage der Brauch der ganzen Welt. Es gibt ganze Nationen, die zur Schlechtigkeit geneigt sind: bei der einen hat man stets den Verrat, bei der andern den Unbestand, bei der dritten den Betrug zu fürchten. Allein das schlechte Benehmen anderer sei für uns kein Gegenstand der Nachahmung, sondern der Vorsicht. Die Gefahr dabei ist, daß der Anblick jener nichtswürdigen Verfahrungsweise auch unsere Redlichkeit erschüttere. Aber der Biedermann vergißt nie, was die andern sind und wer er ist.

281

Gunst bei den Einsichtigen finden. Das laue Ja eines außerordentlichen Mannes ist höher zu schätzen als der allgemeine Beifall, denn aus den Weisen spricht die Einsicht, und daher gibt ihr Lob eine unversiegbare Zufriedenheit. Der verständige Antigonus beschränkte den ganzen Schauplatz seines Ruhmes auf den einzigen Zeno, und Plato nannte den Aristoteles seine ganze Schule. Allein manche sind nur darauf bedacht, sich den Magen zu füllen, und wäre es mit dem abscheulichsten Kehricht. Sogar die Fürsten bedürfen der Schriftsteller und fürchten die Feder derselben mehr als häßliche Weiber den Pinsel.

282

Durch Abwesenheit seine Hochschätzung oder Verehrung befördern. Wie die Gegenwart den Ruhm vermindert, so vermehrt ihn die Abwesenheit. Wer abwesend für einen Löwen galt, war bei seiner Anwesenheit nur die lächerliche Ausgeburt des Berges. Die großen Talente verlieren durch die Berührung ihren Glanz, denn es ist leichter, die Rinde der Außenseite als den großen Gehalt des Geistes zu sehen. Die Einbildungskraft reicht weiter als das Gesicht, und die Täuschung, welche ihren Eingang gewöhnlich durch die Ohren findet, hat ihren Ausgang durch die Augen. Wer sich still im Mittelpunkt des Umkreises seines Rufes hält, wird sich in seinem Ansehen erhalten. Der Phönix selbst benutzt seine Zurückgezogenheit, um verehrt, und das durch sie erregte Verlangen, um geschätzt zu bleiben.

283

Die Gabe der Erfindung besitzen. Sie beweist das höchste Genie; allein, welches Genie kann ohne einen Gran Wahnsinn bestehen? Ist das Erfinden Sache der Genialen, so ist die treffende Wahl Sache der Verständigen. Auch ist jenes eine besondere Gabe des Himmels und viel seltener; denn eine treffende Wahl gelingt vielen, eine gute Erfindung wenigen, und zwar nur den ersten, dem Wert und der Zeit nach. Die Neuheit schmeichelt, und war sie glücklich, so gibt sie dem Guten einen doppelten Glanz. In Sachen des Urteils ist die Neuheit gefährlich wegen des Paradoxen, in Sachen des Genies aber löblich; jedoch wenn gelungen, verdient die eine wie die andere Beifall.

284

Man sei nicht zudringlich, so wird man nicht zurückgesetzt werden. Man setze selbst Wert auf sich, wenn die andern es sollen. Eher sei man karg als freigebig mit seiner Person. Wer ersehnt ankommt, wird wohl empfangen werden. Nie komme man ungerufen und gehe nur, wenn man gesandt wird. Wer aus freien Stücken etwas unternimmt, wird, wenn es schlecht abläuft, den ganzen Unwillen auf sich laden; läuft es hingegen gut ab, weiß man ihm doch nicht Dank. Der Zudringliche wird mit Geringschätzung und Wegwerfung aller Art überhäuft; eben deshalb, weil er sich mit Unverschämtheit eindrängte, wird er mit Beschämung fortgeschickt.

285

Nicht an fremdem Unglück sterben. Man kenne den, welcher im Sumpfe steckt, und merke sich, daß er uns rufen wird, um sich nachher am beiderseitigen Leiden zu trösten. Solche Leute suchen jemanden, der ihnen helfe, das Unglück zu tragen, und wem sie im Glück den Rücken wandten, dem reichen sie jetzt die Hand. Großer Vorsicht bedarf es bei solchen, die zu ertrinken im Begriff sind, um ihnen, ohne eigene Gefahr, Hilfe zu leisten.

286

Man sei niemandem für alles, auch nie allen verbindlich gemacht, denn sonst wird man zum Sklaven oder gar zum Sklaven aller. Einige werden unter glücklicheren Umständen geboren als andere: jene, um Gutes zu tun, diese, um es zu empfangen. Die Freiheit ist viel köstlicher als das Geschenk, wofür man sie hingibt. Man soll weniger Wert darauf legen, viele von sich, als darauf, sich selbst von keinem abhängig zu sehen. Der einzige Vorzug des Herrschens ist, daß man mehr Gutes erweisen kann. Besonders halte man die Verbindlichkeit, die einem aufgelegt wird, nicht für eine Gunst, denn meistenteils wird die fremde List es absichtlich so eingeleitet haben, daß man ihrer bedürfen mußte.

287

Nie handle man im leidenschaftlichen Zustande, sonst wird man alles verderben. Der kann nicht für sich handeln, der nicht bei sich ist; stets aber verbannt die Leidenschaft die Vernunft. In solchen Fällen lasse man für sich einen vernünftigen Vermittler eintreten, und das wird jeder sein, der ohne Leidenschaft ist. Stets sehen die Zuschauer mehr als die Spieler, weil sie leidenschaftslos sind. Sobald man merkt, daß man außer Fassung gerät, blase die Klugheit zum Rückzuge; denn kaum wird das Blut sich vollends erhitzt haben, so wird man blutig zu Werke gehen und in wenig Augenblicken auf lange Zeit sich zur Beschämung und andern zur Verleumdung Stoff gegeben haben.

288

Nach der Gelegenheit leben. Unser Handeln, unser Denken, alles muß sich nach den Umständen richten. Man wolle, wenn man kann, denn Zeit und Gelegenheit warten auf niemanden. Man lebe nicht nach ein für allemal gefaßten Vorsätzen, es sei denn zugunsten der Tugend, noch schreibe man dem Willen bestimmte Gesetze vor, denn morgen schon wird man das Wasser trinken müssen, welches man heute verschmähte. Es gibt so verschrobene Querköpfe, daß sie verlangen, alle Umstände bei einem Unternehmen sollen sich nach ihren verrückten Grillen fügen und nicht anders. Der Weise hingegen weiß, daß der Leitstern der Klugheit darin besteht, daß man sich nach der Gelegenheit richte.

289

Nichts setzt den Menschen mehr herab, als wenn er sehen läßt, daß er ein Mensch sei. An dem Tage hören sie auf, ihn für göttlich zu halten, an welchem sie ihn recht menschlich erblicken. Der Leichtsinn ist das größte Hindernis unseres Ansehens. Wie der zurückhaltende Mann für mehr als Mensch gehalten wird, so der leichtsinnige für weniger als Mensch. Es gibt keinen Fehler, der mehr herabwürdigte, weil der Leichtsinn das gerade Gegenteil des überlegten, gewichtigen

Ernstes ist. Ein leichtsinniger Mensch kann nicht von Gehalt sein, zumal wenn er alt ist, wo die Jahre ihn zur Überlegung verpflichten. Und obgleich dieser Makel an so vielen haftet, so ist er nichtsdestoweniger ganz besonders herabwürdigend.

290

Es ist viel Glück, zur Hochachtung auch die Liebe zu besitzen. Gemeiniglich darf man, um sich die Achtung zu erhalten, nicht sehr geliebt sein. Die Liebe ist verwegener als der Haß. Zuneigung und Verehrung lassen sich nicht wohl vereinen. Zwar soll man nicht sehr gefürchtet sein, aber auch nicht sehr geliebt. Die Liebe führt die Vertraulichkeit ein, und mit jedem Schritt, den diese vorwärts macht, macht die Hochachtung einen zurück. Man sei eher im Besitz einer verehrenden als einer hingebenden Liebe: so ist sie ganzen Leuten angemessen.

291

Zu prüfen verstehen. Die Aufmerksamkeit des Klugen wetteifere mit der Zurückhaltung des Vorsichtigen. Viel Kopf ist erfordert, um den fremden auszumessen. Es ist wichtiger, die Gemütsarten und Eigenschaften der Personen als die der Kräuter und Steine zu kennen. Jenes ist eine der scharfsinnigsten Beschäftigungen im Leben. Am Klange kennt man die Metalle und an der Rede die Menschen. Die Worte geben Anzeichen der Rechtlichkeit, aber viel mehr die Taten. Hier nun bedarf es der außerordentlichen Vorsicht, der tiefen Beobachtung, der feinen Auffassung und des richtigen Urteils.

292

Die persönlichen Eigenschaften müssen die Obliegenheiten des Amtes übersteigen, und nicht umgekehrt. So hoch auch der Posten sein mag, stets muß die Person sich als ihm überlegen zeigen. Ein umfassender Geist breitet sich immer mehr aus und tritt mehr und mehr hervor in seinem Amte. Hingegen wird der Engherzige bald seine Blöße zeigen und am Ende an Verpflichtungen und Ansehen bankerott werden. Der große Augustus setzte seine Ehre darein, als Mensch größer denn als Fürst zu sein. Hier kommt nun ein hoher Sinn zustatten und auch ein wohlüberlegtes Selbstvertrauen trägt viel bei.

293

Von der Reife. Sie leuchtet aus dem Äußeren hervor, noch mehr aus der Sitte. Die materielle Gewichtigkeit macht das Gold, die moralische den Mann wertvoll. Die Reife verbreitet über alle seine Fähigkeiten einen gewissen Anstand und erregt Hochachtung. Die Gesetztheit des Menschen ist die Fassade seiner Seele: sie besteht nicht in der Unbeweglichkeit des Dummen, wie es der Leichtsinn haben möchte, sondern in einer sehr ruhigen Autorität. Ihre Reden sind Sentenzen, ihr Wirken gelingende Taten. Sie erfordert einen sehr vollendeten Mann, denn jeder ist so weit ein ganzer Mann, als er Reife hat. Indem er aufhörte, ein Kind zu sein, fing er an, Ernst und Autorität zu erhalten.

294

Sich in seinen Meinungen mäßigen. Jeder faßt seine Ansichten nach seinem Interesse und glaubt einen Überfluß an Gründen für dieselben zu haben. Denn in den meisten muß das Urteil der Neigung den Platz einräumen. Nun trifft es sich leicht, daß zwei miteinander geradezu widersprechende Meinungen sich begegnen, und jeder glaubt die Vernunft auf seiner Seite zu haben, wiewohl diese, stets unverfälschte, nie ein doppeltes Antlitz trug. Bei einem so schwierigen Punkt gehe der Kluge mit Überlegung zu Werke, dann wird das Mißtrauen gegen sich selbst sein Urteil über das Benehmen des Gegners berichtigen. Er stelle sich auch einmal auf die andere Seite und untersuche von da die Gründe des andern; dann wird er nicht mit so starker Verblendung jenen verurteilen und sich rechtfertigen.

295

Nicht wirksam scheinen, sondern sein. Viele geben sich den Schein, wichtige Geschäfte zu treiben, ohne den mindesten Grund: aus allem machen sie ein Ministerium, auf die albernste Weise. Sie sind Chamäleone des Beifalls und für alle ein unerschöpflicher Stoff zum Lachen. Die Eitelkeit ist überall widerlich, hier aber auch lächerlich. Diese Ameisen der Ehre betteln sich Großtaten zusammen. Man soll hingegen seine größten Vorzüge am wenigsten affektieren: man begnüge sich mit dem Tun und überlasse andern das Reden darüber. Man gebe seine Taten hin, aber man verkaufe sie nicht. Auch miete man sich nicht goldene Federn, die Unflat schreiben zum Ekel der Klugen. Man strebe lieber danach, ein Held zu sein, als es zu scheinen.

296

Ein Mann von erhabenen Eigenschaften. Die vom ersten Range machen Männer ersten Ranges, und eine einzige derselben gilt mehr als eine große Anzahl mittelmäßiger. Es gab einen Mann, dem es gefiel, alle seine Sachen, sogar den gewöhnlichen Hausrat, besonders groß zu haben: wieviel mehr muß der große Mann dafür sorgen, daß alle Eigenschaften seines Geistes groß seien. In Gott ist alles unendlich und unermeßlich; so auch muß in einem Helden alles groß und majestätisch sein, dergestalt, daß alle seine Taten, ja auch seine Reden, mit einer überschwenglichen, großartigen Erhabenheit bekleidet auftreten.

297

Stets handeln, als würde man gesehen. Der ist ein umsichtiger Mann, welcher sieht, daß man ihn sieht oder doch sehen wird. Er weiß, daß die Wände hören, und daß schlechte Handlungen zu bersten drohen, um herauszukommen. Auch wenn allein, handelt er wie unter den Augen der ganzen Welt. Denn da er weiß, daß man einst alles wissen wird, so betrachtet er als schon gegenwärtige Zeugen die, welche es durch die Kunde späterhin werden müssen. Jener, welcher wünschte, daß die ganze Welt ihn stets sehen möchte, war nicht darüber besorgt, daß man ihn in seinem Haus aus den nächsten beobachten konnte.

298

Drei Dinge machen einen Wundermann und sind die höchste Gabe der göttlichen Freigebigkeit: ein fruchtbares Genie, ein tiefer Verstand und ein zugleich erhabener und angenehmer Geschmack. Richtig zu fassen ist ein großer Vorzug, aber ein noch größerer, richtig zu denken und die Einsicht des Guten zu haben. Der Verstand muß nicht im Rückgrat sitzen: da wäre er mehr mühselig als scharf. Richtig zu denken ist die Frucht der vernünftigen Natur. Mit zwanzig Jahren herrscht der Wille vor, mit dreißig das Genie, mit vierzig das Urteil. Es gibt Köpfe, die gleichsam Licht ausströmen, wie die Augen des Luchses, indem sie, wo die größte Dunkelheit ist, am richtigsten erkennen. Andere sind für die Gelegenheit gemacht, da sie stets auf das fallen, was am meisten zum gegenwärtigen Zweck dient: es bietet sich ihnen Vieles und Gutes dar – eine glückliche Fruchtbarkeit! Inzwischen würzt ein guter Geschmack das ganze Leben.

299

Hunger zurücklassen: selbst den Nektarbecher muß man den Lippen entreißen. Das Begehren ist das Maß der Wertschätzung. Sogar bei dem leiblichen Durst ist es eine Feinheit, ihn zu beschwichtigen, aber nicht ganz zu löschen. Das Gute, wenn wenig, ist doppelt gut. Das zweite Mal führt ein beträchtliches Sinken herbei. Sättigung mit dem, was gefällt, ist gefährlich und kann der unsterblichsten Vortrefflichkeit Geringschätzung zuziehen. Die Hauptregel, um zu gefallen, ist, daß man den Appetit noch durch den Hunger, mit welchem man ihn verließ, gereizt vorfinde. Muß man Unzufriedenheit erregen, so sei es lieber durch die Ungeduld des Begehrens als durch den Überdruß des Genusses. Das mühsam erlangte Glück wird doppelt genossen.

300

Mit einem Wort: ein Heiliger sein, und damit ist alles auf einmal gesagt. Die Tugend ist das gemeinsame Band aller Vollkommenheiten und der Mittelpunkt aller Glückseligkeit. Sie macht einen Mann vernünftig, umsichtig, klug, verständig, weise, tapfer, überlegt, redlich, glücklich, beifällig, wahrhaft und zu einem Helden in jedem Betracht. Drei Dinge, welche im Spanischen mit einem S anfangen, machen glücklich: Heiligkeit, Gesundheit und Weisheit. Die Tugend ist die Sonne des Mikrokosmos oder der kleinen Welt, und ihre Hemisphäre ist das gute Gewissen. Sie ist so schön, daß sie Gunst findet vor Gott und Menschen. Nichts ist liebenswürdig als nur die Tugend, und nichts verabscheuungswert als nur das Laster. Die Tugend allein ist Sache des Ernstes, alles andere ist Scherz. Die Fähigkeit und die Größe soll man nach der Tugend messen und nicht nach Umständen des Glücks. Sie allein ist sich selbst genug: sie macht den Menschen im Leben liebenswürdig und im Tode denkwürdig.